IŠ TAMSOSIOS IKI VIEŠAUJIMO: 40 dienų išsivaduoti iš paslėptų tamsos gniaužtų

Visuotinė sąmoningumo, išsivadavimo ir galios pamalda

Asmenims, šeimoms ir tautoms, pasiruošusioms būti laisvoms

Pagal

Zacharias Godseagle; Ambassador Monday O. Ogbe and Comfort Ladi Ogbe

Turinys

Apie knygą – NUO TAMSOSIOS IKI VIEŠVARDĖS 1
Galinio viršelio tekstas 3
Vienos pastraipos reklaminė medžiaga žiniasklaidai (spaudai / el. paštui / reklamos anotacijai) 4
    Atsidavimas 6
    Padėkos 7
    Skaitytojui 8
    Kaip naudotis šia knyga 10
    Pratarmė 13
    Pratarmė 15
    Įvadas 16
    1 SKYRIUS: TAMSOS KARALYSTĖS IŠTEKLIS 19
    2 SKYRIUS: KAIP ŠIANDIEN VEIKIA TAMSIOJI KARALYSTĖ .. 22
    3 SKYRIUS: ĮĖJIMO TAŠKAI – KAIP ŽMONĖS UŽKLIBA 25
    4 SKYRIUS: APRAŠYMAI – NUO APSĖDIMO IKI APSĖDIMO .. 27
    5 SKYRIUS: ŽODŽIO GALIA – TIKĖJŲ AUTORIZACIJA 29
    1 DIENA: KRAUJO LINIJOS IR VARTAI – ŠEIMOS GRANDINIŲ NUTRAUKIMAS 32
    2 DIENA: SVAJONIŲ INVAZIJOS – KAI NAKTIS TAMPA MŪŠIO LAUKU 35
    3 DIENA: DVASINIAI SUTUOKTINIAI – NETŠVENTOS SĄJUNGOS, SURIŠANČIOS LIKIMUS 38
    4 DIENA: PRAKEIKTI OBJEKTAI – SUTERŠIANČIOS DURYS . 41
    5 DIENA: SUŽAVĖTA IR APGAUTA – IŠSIVADAVIMAS IŠ BŪRYBOS DVASIA 44
    6 DIENA: AKIES VARTAI – TAMSOSIOS PORTALŲ UŽDARYMAS 47
    7 DIENA: VARDŲ GALIA – NEŠVENTŲ TAPATYBIŲ ATSISAKYMAS 50
    8 DIENA: KLAIDINGOS ŠVIESOS DEMASKAVIMAS – NAUJOJO AMŽIAUS SPĄSTAI IR ANGELŲ APGAULYS 53
    9 DIENA: KRAUJO AUKURAS – SANDOROS, KURIOS REIKALAUJA GYVENIMO 56

10 DIENA: NEVAISINGUMAS IR NEGYVENIMAS – KAI ĮSČIA TAMPA MŪŠIO LAUKU 59

11 DIENA: AUTOIMUNINIAI SUTRIKIMAI IR LĖTINIS NUOVARGIS – NEMATOMAS VIDUJE VYKSTANTIS KARAS 62

12 DIENA: EPILEPSIJA IR PSICHINĖS KANKOS – KAI PROTAS TAMPA MŪŠIO LAUKU 65

13 DIENA: BAIMĖS DVASIA – NEMATOMO KANČIO NARVO SULAUKIMAS 68

14 DIENA: ŠĖTONIŠKI ŽYMĖS – NETŠVENTO ANTŽEMIO IŠTRYNIMAS 71

15 DIENA: VEIDRODŽIŲ KARALYSTĖ – PABĖGIMAS IŠ ATSPINDŽIŲ KALĖJIMO 74

16 DIENA: ŽODŽIŲ PRAKEIKIMŲ PANELIŲ NUTRAUKIMAS – SAVO VARDO IR SAVO ATEITIES ATGAVIMAS 77

17 DIENA: IŠSIVADAVIMAS IŠ KONTROLĖS IR MANIPULIACIJŲ 80

18 DIENA: NEATLAIDAVIMO IR KARTĖLIO GALIOS SULAUKIMAS 83

19 DIENA: IŠGYDYMAS IŠ GĖDOS IR PASKERTIMO 86

20 DIENA: NAMŲ RAGANAVIMAS – KAI PO TUO PAČIU STOGU GYVENA TAMSA 89

21 DIENA: JEZABELĖS DVASIA – GUNDYMAS, KONTROLĖ IR RELIGINĖ MANIPULIACIJA 92

22 DIENA: PITONAIS IR MALDOS – SUSIPŪTINIMO DVASIA 96

23 DIENA: NETEISĖS SOSTAI – TERITORINIŲ TVIRTOVYBIŲ GRIAUKIMAS 99

24 DIENA: SIELOS FRAGMENTAI – KAI TRŪKSTA JŪSŲ DALIŲ 102

25 DIENA: KEISTI VAIKAI PRAKEIKTAS – KAI LIKIMAI PASIKEIČIUOJA GIMIMO METU 105

26 DIENA: PASLĖPTI GALIOS ALTORIAI – IŠSIVADAVIMAS IŠ ELITO OKULTINIŲ SANDORŲ 108

27 DIENA: NETŠVENTOS SĄJUNGA – LAISVOJI MASONERIJA, ILUMINATAI IR DVASINĖ INFILTRACIJA 111

28 DIENA: KABALOS, ENERGIJOS TINKLAI IR MISTINĖS „ŠVIESOS" VILUŽYS 114
29 DIENA: ILUMINATI ŠYDAS – ELITO OKULTISTINIŲ TINKLŲ DEMASKAVIMAS 117
30 DIENA: PASLAPTIES MOKYKLOS – SENOVĖS PASLAPTYS, ŠIUOLAIKINIS VERGINIMAS 120
31 DIENA: KABALOS, ŠVENTOJI GEOMETRIJA IR ELITO ŠVIESOS APGAULYSTĖ 123
3 DIENA 2: GYVATĖS DVASIA VIDUJE – KAI IŠGELBĖJIMAS ATĖJA PER VĖLU 127
33 DIENA: GYVATĖS DVASIA VIDUJE – KAI IŠGELBĖJIMAS ATĖJA PER VĖLU 131
34 DIENA: MŪSONAI, KODAI IR PRAKEIKIMAI – Kai brolybė tampa nelaisve 135
35 DIENA: RAGANOS SUOLUOSE – KAI BLOGIS ĮEINA PRO BAŽNYČIOS DURIS 139
36 DIENA: UŽKODUOTI BURTAI – KAI DAINOS, MADA IR FILMAI TAMPA PORTALAIS 143
37 DIENA: NEMATOMI GALIOS ALTORIAI – MASONAI, KABALOS IR OKULTINIO ELITO RYŠIAI 147
38 DIENA: ĮSČIŲ SANDOROS IR VANDENS KARALYSTĖS – KAI LIKIMAS SUTERŠIAMAS PRIEŠ GIMIMĄ 151
39 DIENA: VANDENS KRIKŠTAS Į VERGYBĘ – KAIP KŪDIKIAI, INICIALAI IR NEMATOMI SANDOROS ATVERIA DURIS 155
40 DIENA: NUO PRISTATYMO IKI PRISTATYTOJO – TAVO SKAUSMAS YRA TAVO ĮŠVENTINIMAS 159
360° KASDIENIS IŠGELBĖJIMO IR VIEŠVAROS PAREIŠKIMAS – 1 dalis 162
360° KASDIENIS IŠGELBĖJIMO IR VIEŠVAROS PAREIŠKIMAS – 2 dalis 164
360° KASDIENIS IŠGELBĖJIMO IR VIEŠVAROS PAREIŠKIMAS – 3 dalis 168
IŠVADA: NUO IŠGYVENIMO IKI SVETOS SVETOS – IŠLIKTI LAISVĖJE, GYVENTI LAISVĖJE, IŠLAISVINTI KITUS 172
Kaip atgimti iš naujo ir pradėti naują gyvenimą su Kristumi 175

Mano išgelbėjimo akimirka 177
Naujo gyvenimo Kristuje liudijimas 178
SUSISIEKITE SU DIEVO ERELIO TARNYBOS 179
REKOMENDUOJAMOS KNYGOS IR IŠTEKLIAI 181
1 PRIEDAS: Malda, skirta atpažinti paslėptą raganavimą, okultines praktikas ar keistus altorius bažnyčioje 195
2 PRIEDAS: Žiniasklaidos atsisakymo ir valymo protokolas 196
3 PRIEDAS: Masonai, Kabala, Kundalini, Raganavimas, Okultizmo Atsižadėjimo Raštas 197
4 PRIEDAS: Patepimo aliejaus aktyvinimo vadovas 198
PRIEDAS : Vaizdo įrašai su liudijimais dvasiniam augimui 199
Su tuo žaisti negalima 200

Autorių teisių puslapis

NUO TAMSOSIOS IKI VIEŠVAROS: 40 dienų išsivaduoti iš paslėptų tamsos gniaužtų – pasaulinė sąmoningumo, išsivadavimo ir galios pamalda,

autorius Zacharias Godseagle , „Comfort Ladi" Ogbe ir ambasadorius pirmadienis O. Ogbe

Autorinės teisės © 2025 **Zacharias Godseagle ir „God's Eagle Ministries"** – GEM.

Visos teisės saugomos.

Jokia šio leidinio dalis negali būti atgaminta, saugoma paieškos sistemoje ar perduodama jokia forma ar jokiomis priemonėmis – elektroninėmis, mechaninėmis, kopijavimo, įrašymo, skenavimo ar kitomis – be išankstinio raštiško leidėjų leidimo, išskyrus trumpas citatas, pateiktas kritiniuose straipsniuose ar apžvalgose.

Ši knyga yra negrožinės literatūros ir religinės grožinės literatūros kūrinys. Kai kurie vardai ir atpažinimo detalės, kur tai buvo būtina, buvo pakeisti dėl privatumo.

Šventojo Rašto citatos paimtos iš:

- „*New Living Translation*" *(NLT)* , © 1996, 2004, 2015, Tyndale House Foundation. Naudojama gavus leidimą. Visos teisės saugomos.

Viršelio dizainas – GEM TEAM
Interjero išdėstymas – GEM TEAM
Paskelbė:
Zacharias Godseagle ir „God's Eagle Ministries" – GEM
www.otakada.org [1] | ambassador@otakada.org
Pirmasis leidimas, 2025 m.
Spausdinta Jungtinėse Amerikos Valstijose

---

1. http://www.otakada.org

Apie knygą – NUO TAMSOSIOS IKI VIEŠVARDĖS

IŠ TAMSOS Į VIEŠUMĄ: 40 dienų išsivaduoti iš paslėptų tamsos gniaužtų – *pasaulinė sąmoningumo, išsivadavimo ir galios pamalda – asmenims, šeimoms ir tautoms, pasiruošusioms būti laisviems* tai ne tik pamaldos – tai 40 dienų trukmės pasaulinis išlaisvinimo susitikimas **prezidentams, ministrams pirmininkams, pastoriams, bažnyčių darbuotojams, generaliniams direktoriams, tėvams, paaugliams ir kiekvienam tikinčiajam**, kuris atsisako gyventi tyliame pralaimėjime.

Šios galingos 40 dienų trukmės pamaldos aptaria *dvasinę kovą, išsivadavimą iš protėvių altorių, sielų ryšių nutraukimą, okultizmo atskleidimą ir išgirsta buvusių raganų, buvusių satanistų* bei tų, kurie nugalėjo tamsos galias, liudijimus iš viso pasaulio.

vadovaujate šaliai, ar esate **bažnyčios ganytojas**, ar **verslas**, ar **kovojate už savo šeimą maldos kambaryje**, ši knyga atskleis, kas buvo slepiama, susidurs su tuo, kas buvo ignoruojama, ir suteiks jums galių išsivaduoti.

40 dienų pasaulinė sąmoningumo, išsivadavimo ir galios pamalda

Šiuose puslapiuose susidursite su:

- Kraujo linijos prakeiksmai ir protėvių sandoros
- Dvasios sutuoktiniai, jūrų dvasios ir astralinė manipuliacija
- Masonai, kabala, kundalini pabudimai ir raganavimo altoriai
- Vaikų pašventinimai, prenatalinės iniciacijos ir demonų nešėjai
- Žiniasklaidos infiltracija, seksualinė trauma ir sielos susiskaldymas
- Slaptos draugijos, demoniškas dirbtinis intelektas ir netikri atgimimo judėjimai

Kiekvieną dieną sudaro:

- Tikra istorija arba pasaulinis modelis
- Šventuoju Raštu paremta įžvalga
- Grupinis ir asmeninis pritaikymas
- Išvadavimo malda + apmąstymų dienoraštis

Ši knyga skirta jums, jei esate:

- Prezidentas **ar politikos formuotojas,** siekiantis dvasinio aiškumo ir savo tautos apsaugos
- Pastorius**, užtarėjas ar bažnyčios darbuotojas** kovoja su nematomomis jėgomis, kurios priešinasi augimui ir tyrumui
- Generalinis **direktorius arba verslo lyderis** susiduria su nepaaiškinamu karu ir sabotažu
- Paauglys **ar studentas,** kurį kankina sapnai, kančios ar keisti įvykiai
- Tėvas **ar globėjas** pastebi dvasinius modelius jūsų kraujo linijoje
- Krikščionių **lyderis,** pavargęs nuo nesibaigiančių maldos ciklų be proveržio
- Arba tiesiog **tikintis, pasiruošęs pereiti nuo išlikimo prie pergalingo valdymo**

Kodėl ši knyga?

Nes laikais, kai tamsa dėvi šviesos kaukę, **išsivadavimas nebėra pasirenkamas**.

O valdžia priklauso informuotiems, aprūpintiems ir pasidavusiems.

Parašė Zacharias Godseagle, ambasadorius Monday O. Ogbe ir Comfort Ladi. Ogbe, tai daugiau nei mokymas – tai **pasaulinis žadinimo šauksmas** Bažnyčiai, šeimai ir tautoms pakilti ir kovoti – ne baimėje, o **išmintimi ir autoritetu.**

Negalite mokyti to, ko neįvykdėte. Ir negalite viešpatauti, kol neišsivaduosite iš tamsos gniaužtų.

Sulaužyk ciklus. Susidurk su paslėptu. Susigrąžink savo likimą – diena po dienos.

Galinio viršelio tekstas

NUO TAMSOSIOS IKI VIEŠVAROS
40 dienų išsivaduoti iš paslėptų tamsos gniaužtų
Visuotinis sąmoningumo, išsivadavimo ir galios pamaldumas

Ar esate **prezidentas** , **pastorius** , **tėvas** ar **meldžiantis tikintysis** – desperatiškai trokštantis ilgalaikės laisvės ir proveržio?

Tai ne šiaip pamaldos. Tai 40 dienų trukmės pasaulinė kelionė per nematomus **protėvių sandorų, okultinės vergijos, jūrų dvasių, sielų susiskaldymo, žiniasklaidos infiltracijos ir kitų sričių mūšio laukus** . Kiekviena diena atskleidžia tikrus liudijimus, pasaulines apraiškas ir veiksmingas išlaisvinimo strategijas.

Jūs atskleisite:

- Kaip atsiveria dvasiniai vartai ir kaip juos uždaromi
- Paslėptos pakartotinio delsimo, kankinimo ir vergijos šaknys
- Galingos kasdienės maldos, apmąstymai ir grupinės paraiškos
- Kaip pasiekti viešpatavimą , o ne tik išlaisvinimą

Nuo **raganavimo altorių** Afrikoje iki „**New Age**" **apgaulės** Šiaurės Amerikoje... nuo **slaptų draugijų** Europoje iki **kraujo sandorų** Lotynų Amerikoje – **ši knyga atskleidžia visa tai** .

„**NUO TAMSOJOS IKI VIEŠATĖS**" – tai jūsų laisvės kelias, parašytas **pastoriams, vadovams, šeimoms, paaugliams, specialistams, generaliniams direktoriams** ir visiems, pavargusiems nuo karo dviračiu be pergalės.

„Negali mokyti to, ko neįvykdei. Ir negali viešpatauti, kol neišsivaduos iš tamsos gniaužtų."

Vienos pastraipos reklaminė medžiaga žiniasklaidai (spaudai / el. paštui / reklamos anotacijai)

„NUO TAMSOS IKI VIEŠAUJIMO: 40 dienų išsivaduoti iš paslėptų tamsos gniaužtų" – tai pasaulinė pamaldų knyga, atskleidžianti, kaip priešas skverbiasi į gyvenimus, šeimas ir tautas per aukurus, kraujo linijas, slaptas draugijas, okultinius ritualus ir kasdienius kompromisus. Ši knyga, kurioje pateikiamos istorijos iš visų žemynų ir mūšiuose patikrintos išlaisvinimo strategijos, skirta prezidentams ir pastoriams, generaliniams direktoriams ir paaugliams, namų šeimininkėms ir dvasiniams kariams – visiems, kurie trokšta ilgalaikės laisvės. Ji skirta ne tik skaitymui – ji skirta ir grandinių sutraukymui.

Siūlomos žymos

- išlaisvinimo pamaldumas
- dvasinė kova
- buvusių okultistų liudijimai
- malda ir pasninkas
- kartų prakeiksmų laužymas
- laisvė nuo tamsos
- Krikščioniškasis dvasinis autoritetas
- jūriniai spiritai
- kundalini apgaulė
- slaptos draugijos demaskuotos
- 40 dienų pristatymas

 # Kampanijų grotažymės
#TamsaIkiVienintelioDominjono

#IšgelbėjimasPamaldus
#BreakTheGrandines
#LaisvėPerKristų
#GlobalAwakening
#PasléptiMūšiaiAtskleista
#MelskisUžIšsivadavimą
#DvasinioKaroKnyga
#IšTamsosĮŠviesą
#KaralystėsAutoritetas
#DaugiauJokioNevergavimo
#EksokultiniaiLiudijimai
#KundaliniĮspėjimas
#JūrųDvasiosAtidengtos
#40LaisvėsDienų

Atsidavimas

Tam, kuris pašaukė mus iš tamsybių į savo nuostabią šviesą – **Jėzui Kristui**, mūsų Išvaduotojui, Šviesos Nešėjui ir Garbės Karaliui.

Kiekvienai sielai, tyliai šaukiančiai – įkalintai nematomų grandinių, persekiojamai sapnų, kankinamai balsų ir kovojančiai su tamsa ten, kur niekas nemato, – ši kelionė skirta jums.

Pastoriams, **užtarėjams** ir **sargybiniams ant sienos**,

motinoms, kurios meldžiasi visą naktį, ir **tėvams**, **kurie** atsisako pasiduoti,

jaunam **berniukui**, kuris mato per daug, ir **mažai mergaitei,** per anksti paženklintai blogio,

generaliniams **direktoriams**, **prezidentams** ir **sprendimų priėmėjams,** nešantiems nematomą naštą už viešosios valdžios,

bažnyčios darbuotojui, kovojančiam su slapta vergija, ir **dvasiniam kariui**, kuris išdrįsta stoti priešintis –

tai jūsų kvietimas pakilti.

Ir drąsuoliams, kurie pasidalijo savo istorijomis – ačiū. Jūsų randai dabar išlaisvina kitus.

Tegul ši pamaldų valanda nušviečia kelią per šešėlius ir veda daugelį į viešpatavimą, išgijimą ir šventąją ugnį.

Jūs nesate pamiršti. Jūs nesate bejėgiai. Jūs gimėte laisvei.

– *Zacharias Godseagle, ambasadorius Monday O. Ogbe & Comfort Ladi Ogbe*

Padėkos

Visų pirma, mes išpažįstame **Visagalį Dievą – Tėvą, Sūnų ir Šventąją Dvasią**, Šviesos ir Tiesos Autorių, kuris atvėrė mums akis į nematomas kovas, vykstančias už uždarų durų, uždangų, sakyklų ir pakylų. Jėzui Kristui, mūsų Išvaduotojui ir Karaliui, atiduodame visą šlovę.

Drąsiems vyrams ir moterims visame pasaulyje, kurie pasidalijo savo kančių, pergalių ir transformacijos istorijomis – jūsų drąsa įžiebė pasaulinę laisvės bangą. Dėkojame, kad nutraukėte tylą.

Tarnystėms ir sargybiniams ant sienos, kurie darbavosi slaptose vietose – mokė, užtarė, gelbėjo ir įžvelgė – mes pagerbiame jūsų atkaklumą. Jūsų paklusnumas ir toliau griauna tvirtoves ir demaskuoja apgaulę aukštybėse.

Mūsų šeimoms, maldos partneriams ir palaikymo komandoms, kurios buvo su mumis, kol mes kapstėmės pro dvasinius griuvėsius, kad atskleistume tiesą – dėkojame už jūsų nepajudinamą tikėjimą ir kantrybę.

Tyrėjams, „YouTube" liudininkams, informatoriams ir karalystės kariams, kurie savo platformose atskleidžia tamsą – jūsų drąsa papildė šį darbą įžvalgomis, apreiškimu ir skubumu.

Kristaus Kūnui: ši knyga taip pat yra jūsų. Tegul ji pažadina jumyse šventą ryžtą būti budriems, įžvalgiems ir bebaimiams. Rašome ne kaip ekspertai, o kaip liudytojai. Stojame ne kaip teisėjai, o kaip atpirktieji.

Ir galiausiai, **šių pamaldų skaitytojams** – ieškotojams, kariams, ganytojams, išlaisvinimo tarnams, išgyvenusiems ir tiesos mylėtojams iš visų tautų – tegul kiekvienas puslapis suteikia jums jėgų judėti **toliau nuo tamsa į viešpatavimą**.

— **Zacharias Godseagle**
— **ambasadorius Monday O. Ogbe**
— **Comfort Ladi Ogbe**

Skaitytojui

Tai ne šiaip knyga. Tai kvietimas.

Kvietimas atskleisti tai, kas ilgai buvo paslėpta – susidurti su nematomomis jėgomis, formuojančiomis kartas, sistemas ir sielas. Nesvarbu, ar esate **jaunas ieškotojas** , **pastorius, išsekęs nuo kovų, kurių negalite įvardyti** , **verslo lyderis, kovojantis su naktiniais siaubais** , ar **valstybės vadovas, susiduriantis su negailestinga nacionaline tamsa** , ši pamaldų knyga yra jūsų **vadovas iš šešėlių** .

Individui : jūs nesate išprotėjęs. Tai , ką jaučiate – savo sapnuose, savo atmosferoje, savo kraujo linijoje – iš tiesų gali būti dvasinga. Dievas yra ne tik gydytojas; Jis yra išlaisvintojas.

Šeimai : ši 40 dienų kelionė padės jums atpažinti jūsų kraujo liniją ilgai kamavusius modelius – priklausomybes, ankstyvas mirtis, skyrybas, nevaisingumą, psichines kančias, staigų skurdą – ir suteiks įrankių juos įveikti .

vadovams **ir pastoriams** : Tegul tai pažadina gilesnį įžvalgumą ir drąsą susidurti su dvasių pasauliu iš sakyklos, o ne tik nuo pakylos. Išsivadavimas nėra pasirinktinas. Tai Didžiojo pavedimo dalis.

Generaliniams **direktoriams, verslininkams ir specialistams** : dvasinės sandoros galioja ir valdybų kambariuose. Pašvęskite savo verslą Dievui. Nugriaukite protėvių aukurus, pridengtus verslo sėkme, kraujo sutartimis ar masonų palankumu. Statykite švariomis rankomis.

Sargybiniams **ir užtarėjams** : Jūsų budrumas nebuvo veltui. Šis išteklius yra ginklas jūsų rankose – jūsų miestui, jūsų regionui, jūsų tautai.

Prezidentams **ir ministrams pirmininkams** , jei tai kada nors pasieks jūsų stalą: Tautas valdo ne tik politika. Jas valdo altoriai – slapta ar viešai pastatyti. Kol nebus išspręsti paslėpti pamatai, taika liks nepasiekiama. Tegul ši pamaldų kalba paskatina jus kartų atsinaujinimui.

Jaunam **vyrui ar moteriai,** skaitančiam tai nevilties akimirką: Dievas tave mato. Jis tave išsirinko. Ir Jis tave ištraukia – visam laikui.

Tai tavo kelionė. Po vieną dieną. Po vieną grandinę.

Iš tamsos į viešpatavimą – tavo laikas.

Kaip naudotis šia knyga

„IŠ TAMSOS IKI VIEŠBUČIO: 40 dienų išsivaduoti iš paslėptų tamsos gniaužtų" yra daugiau nei pamaldų knyga – tai išsivadavimo vadovas, dvasinė detoksikacija ir karo treniruočių stovykla. Nesvarbu, ar skaitote vieni, su grupe, bažnyčioje, ar kaip vadovas, vedantis kitus, štai kaip kuo geriau išnaudoti šią galingą 40 dienų kelionę:

Dienos ritmas

Kiekviena diena turi nuoseklią struktūrą, kuri padeda jums įtraukti dvasią, sielą ir kūną:

- **Pagrindinis pamaldus mokymas** – apreiškianti tema, atskleidžianti paslėptą tamsą.
- **Pasaulinis kontekstas** – kaip ši tvirtovė pasireiškia visame pasaulyje.
- **Tikro gyvenimo istorijos** – tikri išlaisvinimo iš skirtingų kultūrų patirtys.
- **Veiksmų planas** – asmeninės dvasinės pratybos, atsižadėjimas arba deklaracijos.
- **Grupinis taikymas** – skirtas naudoti mažose grupėse, šeimose, bažnyčiose ar išlaisvinimo komandose.
- **Pagrindinė įžvalga** – apibendrinta mintis, kurią verta prisiminti ir į kurią verta pasimelsti.
- **Apmąstymų žurnalas** – širdies klausimai, skirti giliai apmąstyti kiekvieną tiesą.
- **Išvadavimo malda** – tikslinė dvasinio karo malda tvirtovėms pralaužti.

Ko jums reikės

- Jūsų **Biblija**
- žurnalas **arba užrašų knygelė**
- **Patepimo aliejus** (nebūtina, bet veiksmingas maldų metu)
- Noras **pasninkauti ir melstis,** kaip veda Dvasia
- **Atskaitomybės partneris arba maldos komanda** sudėtingesniems atvejams

Kaip naudoti su grupėmis ar bažnyčiomis

- Susitikite **kasdien arba kas savaitę,** kad aptartumėte įžvalgas ir kartu vestumėte maldas.
- prieš grupės užsiėmimus užpildyti **refleksijos žurnalą** .
- Norėdami paskatinti diskusiją, prisipažinimą ar bendro išlaisvinimo akimirkas, naudokite **grupės paraiškos skyrių.**
- Paskirkite apmokytus vadovus, kurie valdytų intensyvesnes apraiškas.

Pastoriams, vadovams ir išlaisvinimo tarnams

- Mokykite kasdienių temų nuo sakyklos arba išlaisvinimo mokyklose.
- Paruoškite savo komandą naudoti šią pamaldų ištrauką kaip konsultavimo vadovą.
- Pritaikykite sekcijas pagal poreikį dvasiniam žemėlapių sudarymui, atgimimo susitikimams ar maldos akcijoms mieste.

Priedai, kuriuos verta ištirti

Knygos pabaigoje rasite vertingų papildomų išteklių, įskaitant:

1. **Kasdienis visiško išsivadavimo pareiškimas** – Garsiai ištarkite tai kiekvieną rytą ir vakarą.
2. **Žiniasklaidos atsisakymo vadovas** – išvalykite savo gyvenimą nuo dvasinės pramogų taršos.
3. **Malda atpažinti paslėptus altorius bažnyčiose** – už užtarėjus ir bažnyčios darbuotojus.
4. **Masonai, kabala, kundalini ir okultinis atsisakymo scenarijus** – galingos atgailos maldos.

5. **Masinio išlaisvinimo kontrolinis sąrašas** – naudoti kryžiaus žygiuose, namų bendrijose ar asmeninėse rekolekcijose.
6. **Liudijimo vaizdo įrašų nuorodos**

Pratarmė

Siaučia karas – nematomas, neišsakytas, bet labai realus – dėl vyrų, moterų, vaikų, šeimų, bendruomenių ir tautų sielų.

Ši knyga gimė ne iš teorijos, o iš ugnies. Iš verkiančių išlaisvinimo kambarių. Iš liudijimų, šnabždamų šešėliuose ir šaukiančių nuo stogų. Iš gilių studijų, visuotinių užtarimų ir švento nusivylimo paviršutiniška krikščionybe, kuri nesugeba susidoroti su **tamsos šaknimis,** vis dar apraizgančiomis tikinčiuosius.

Per daug žmonių atėjo prie kryžiaus, bet vis dar tempia grandines. Per daug pastorių skelbia laisvę, slapta kankinami geismo, baimės ar protėvių sandorų demonų. Per daug šeimų yra įstrigusios skurdo, iškrypimo, priklausomybės, nevaisingumo, gėdos cikluose ir **nežino, kodėl**. Ir per daug bažnyčių vengia kalbėti apie demonus, raganavimą, kraujo aukurus ar išlaisvinimą, nes tai „per daug intensyvu".

Bet Jėzus nevengė tamsos – Jis **jai pasipriešino**.

Jis neignoravo demonų – Jis **juos išvarė**.

Ir Jis nemirė vien tam, kad jums atleistų – Jis mirė, kad **jus išlaisvintų**.

Šios 40 dienų pasaulinės pamaldos nėra atsitiktinės Biblijos studijos. Tai **dvasinė operacinė**. Laisvės dienoraštis. Pragaro žemėlapis tiems, kurie jaučiasi įstrigę tarp išgelbėjimo ir tikrosios laisvės. Nesvarbu, ar esate paauglys, supančiotas pornografijos, pirmoji ponia, kamuojama sapnų apie gyvates, ministras pirmininkas, kankinamas protėvių kaltės, pranašas, slepiantis slaptą vergiją, ar vaikas, bundantis iš demoniškų sapnų – ši kelionė skirta jums.

Rasite istorijų iš viso pasaulio – Afrikos, Azijos, Europos, Šiaurės ir Pietų Amerikos – kurios visos patvirtina vieną tiesą: **velnias nesirenka asmenų**. Bet Dievas taip pat. Ir ką Jis padarė dėl kitų, Jis gali padaryti dėl jūsų.

Ši knyga parašyta:

- **Asmenys,** ieškantys asmeninio išlaisvinimo

- **Šeimoms,** kurioms reikalingas kartų gydymas
- **Pastoriams** ir bažnyčios darbuotojams reikalinga įranga
- **Verslo lyderiai,** kovojantys dvasinėje kovoje aukštose pareigose
- **Tautos** šaukiasi tikro atgimimo
- **Jaunimas** , kuris netyčia atvėrė duris
- **Išlaisvinimo tarnai** , kuriems reikia struktūros ir strategijos
- Ir net **tie, kurie netiki demonais** – kol neperskaito savo istorijos šiuose puslapiuose

Jums bus sunku. Jums bus iššūkių. Bet jei liksite kelyje, jūs taip pat **pasikeisite** .

Tu ne tik išsilaisvinsi.

Tu vaikščiosi **viešpataujant** .

Pradėkime.

— *Zacharias Godseagle , ambasadorius Monday O. Ogbe ir Comfort Ladi Ogbe*

Pratarmė

Tautose jaučiamas sujudimas. Dvasinėje sferoje – drebulys. Nuo sakyklų iki parlamentų, nuo svetainių iki pogrindinių bažnyčių – žmonės visur suvokia šiurpią tiesą: mes nepakankamai įvertinome priešo veikimo galimybes ir neteisingai supratome valdžią, kurią turime Kristuje.

„*Nuo tamsos iki viešpatavimo*" yra ne tik pamaldų knyga; tai aiški aiški žinia. Pranašiškas vadovas. Gelbėjimosi ratas kankinamiems, supančiotiems ir nuoširdžiai tikintiesiems, kurie svarsto: „Kodėl aš vis dar grandinėmis sukaustytas?"

Kaip žmogus, pats matęs atgimimą ir išlaisvinimą įvairiose tautose, žinau iš pirmų lūpų, kad Bažnyčiai netrūksta žinių – mums trūksta dvasinio **sąmoningumo** , **drąsos** ir **drausmės**. Šis darbas užpildo šią spragą. Jis sujungia pasaulinius liudijimus, sunkią tiesą, praktinius veiksmus ir kryžiaus galią į 40 dienų kelionę, kuri nukratys dulkes nuo miegančių gyvenimų ir įžiebs ugnį pavargusiems.

Pastoriui, išdrįstančiam stoti prieš altorius, jaunam suaugusiajam, tyliai kovojančiam su demoniškais sapnais, verslo savininkui, įsivėlusiam į nematomas sandoras, ir vadovui, kuris žino, kad kažkas *dvasiškai negerai,* bet negali to įvardyti – ši knyga skirta jums.

Raginu jus neskaityti pasyviai. Tegul kiekvienas puslapis sužadina jūsų dvasią. Tegul kiekviena istorija gimdo kovą. Tegul kiekvienas pareiškimas išmoko jūsų burną kalbėti ugnimi. Ir kai praeisite šias 40 dienų, nešvęskite tik savo laisvės – tapkite kitų laisvės indu.

Nes tikrasis viešpatavimas yra ne tik pabėgimas iš tamsos...

Tai apsisukimas ir kitų patraukimas į šviesą.

Kristaus valdžioje ir galioje,
Ambasadorius Ogbe

Įvadas

NUO TAMSOSIOS IKI VIEŠUOLYSTO: 40 dienų išsivaduoti iš paslėptų tamsos gniaužtų yra ne tik dar viena pamalda – tai visuotinis žadinimo skambutis.

Visame pasaulyje – nuo kaimų iki prezidento rūmų, nuo bažnyčių altorių iki posėdžių salių – vyrai ir moterys šaukiasi laisvės. Ne tik išganymo. **Išsivadavimo. Aiškumo. Proveržio. Pilnatvės. Taikos. Galios.**

Tačiau štai tiesa: Negalite išmesti to, ką toleruojate. Negalite išsivaduoti iš to, ko nematote. Ši knyga yra jūsų šviesa toje tamsoje.

40 dienų pažinsite mokymus, istorijas, liudijimus ir strateginius veiksmus, kurie atskleidžia paslėptus tamsos mechanizmus ir suteikia jums galių įveikti dvasią, sielą ir kūną.

Nesvarbu, ar esate pastorius, generalinis direktorius, misionierius, užtarėjas, paauglys, mama ar valstybės vadovas, šios knygos turinys jus sudomins. Ne tam, kad jus sugėdintų, o tam, kad jus išlaisvintų ir paruoštų vesti kitus į laisvę.

Tai **pasaulinė sąmoningumo, išlaisvinimo ir galios pamalda** – pagrįsta Šventuoju Raštu, sustiprinta realių gyvenimo pasakojimų ir persmelkta Jėzaus krauju.

Kaip naudoti šią pamaldų knygą

1. **Pradėkite nuo 5 pamatinių skyrių**
   . Šie skyriai kloja pamatus. Nepraleiskite jų. Jie padės jums suprasti dvasinę tamsos architektūrą ir jums suteiktą galią pakilti virš jos.
2. **Sąmoningai peržvelkite kiekvieną dieną.**
   Kiekviename dienos įraše yra pagrindinė tema, pasauliniai pasireiškimai, tikra istorija, Raštų ištraukos, veiksmų planas, grupinio pritaikymo idėjos, svarbios įžvalgos, dienoraščio užuominos ir galinga malda.
3. **Kiekvieną dieną užbaikite** . Šios knygos pabaigoje pateikta galinga

kasdienė 360° deklaracija skirta sustiprinti jūsų laisvę ir apsaugoti jūsų dvasinius **vartus** .

4. **Naudokite tai vieni arba grupėse.**

   Nesvarbu, ar tai išgyvenate individualiai, ar grupėje, namų bendrystėje, užtarimo komandoje ar išlaisvinimo tarnystėje – leiskite Šventajai Dvasiai vesti tempą ir suasmeninti kovos planą.

5. **Tikėkitės pasipriešinimo – ir**

   ateis proveržio pasipriešinimas. Bet taip pat ateis ir laisvė. Išsivadavimas yra procesas, ir Jėzus yra pasiryžęs jį eiti kartu su jumis.

PAGRINDINIAI SKYRIAI (Perskaitykite prieš 1 dieną)

1. Tamsos karalystės ištakos

Nuo Liuciferio maišto iki demoniškų hierarchijų ir teritorinių dvasių atsiradimo šiame skyriuje atsekama biblinė ir dvasinė tamsos istorija. Supratimas, nuo ko ji prasidėjo, padeda suprasti, kaip ji veikia.

2. Kaip šiandien veikia Tamsos Karalystė

Nuo sandorų ir kraujo aukų iki altorių, jūrų dvasių ir technologijų infiltracijos – šiame skyriuje atskleidžiami šiuolaikiniai senovės dvasių veidai, įskaitant tai, kaip žiniasklaida, tendencijos ir net religija gali pasitarnauti kaip maskuotė.

3. Įėjimo taškai: kaip žmonės tampa priklausomi

Niekas negimsta nelaisvėje atsitiktinai. Šiame skyriuje nagrinėjami tokie vartai kaip traumos, protėvių aukurai, raganavimo demaskavimas, sielų ryšiai, okultinis smalsumas, masonai, klaidingas dvasingumas ir kultūrinės praktikos.

4. Manifestacijos: nuo apsėdimo iki obsesijos

Kaip atrodo nelaisvė? Nuo košmarų iki santuokos atidėliojimo, nevaisingumo, priklausomybės, įniršio ir net „švento juoko" – šiame skyriuje atskleidžiama, kaip demonai maskuojasi kaip problemos, dovanos ar asmenybės.

5. Žodžio galia: tikinčiųjų autoritetas

Prieš pradėdami 40 dienų kovą, turite suprasti savo teises Kristuje. Šiame skyriuje apginkluosite jus dvasiniais įstatymais, kovos ginklais, Šventojo Rašto protokolais ir išlaisvinimo kalba.

PASKUTINIS PADRASKINIMAS PRIEŠ PRADĖDAMI

Dievas nekviečia jūsų *valdyti* tamsos.

Jis kviečia jus ją **užvaldyti**.

Ne jėga, ne galia, bet Jo Dvasia.

Tegul šios ateinančios 40 dienų bus daugiau nei vien pamaldos.

Tegul tai bus kiekvieno altoriaus, kuris kadaise jus valdė, laidotuvės... ir karūnavimas Dievo jums paskirtoje lemtyje.

Jūsų viešpatavimo kelionė prasideda dabar.

1 SKYRIUS: TAMSOS KARALYSTĖS IŠTEKLIS

„*N*es *mes grumiamės ne su kūnu ir krauju, bet su kunigaikštystėmis, prieš valdžiomis, prieš šio pasaulio tamsybių valdovus, prieš dvasines blogio jėgas aukštybėse.*" – Efeziečiams 6:12

Gerokai prieš žmonijai žengiant į laiko sceną, danguje kilo nematomas karas. Tai nebuvo kardų ar ginklų karas, o maišto – išdavystės prieš Aukščiausiojo Dievo šventumą ir valdžią . Biblija atskleidžia šią paslaptį įvairiomis ištraukomis, kurios užsimena apie vieno gražiausių Dievo angelų – spindinčiojo **Liuciferio** – nuopuolį, kuris išdrįso išaukštinti save virš Dievo sosto (Izaijo 14:12–15, Ezechielio 28:12–17).

Šis kosminis maištas pagimdė **Tamsos Karalystę** – dvasinio pasipriešinimo ir apgaulės sritį, sudarytą iš puolusių angelų (dabar demonų), kunigaikštysčių ir jėgų, susivienijusių prieš Dievo valią ir Dievo žmones.

Kritimas ir tamsos susiformavimas

LIUCIFERIS NE VISADA buvo blogas. Jis buvo sukurtas tobula išmintimi ir grožiu. Tačiau jo širdyje įsiskverbė išdidumas, ir išdidumas tapo maištu. Jis apgavo trečdalį dangaus angelų, kad šie sektų paskui jį (Apreiškimas 12:4), ir jie buvo išmesti iš dangaus. Jų neapykanta žmonijai kyla iš pavydo – nes žmonija buvo sukurta pagal Dievo paveikslą ir jai buvo suteikta valdžia.

Taip prasidėjo karas tarp **Šviesos Karalystės** ir **Tamsos Karalystės** – nematomas konfliktas, paliečiantis kiekvieną sielą, kiekvienus namus ir kiekvieną tautą.

Tamsos Karalystės globali išraiška

NORS IR NEMATOMA, ŠIOS tamsiosios karalystės įtaka yra giliai įsišaknijusi:

- **Kultūrinės tradicijos** (protėvių garbinimas, kraujo aukos, slaptos draugijos)
- **Pramogos** (pasąmoninės žinutės, okultinė muzika ir pasirodymai)
- **Valdymas** (korupcija, kraujo sutartys, priesaikos)
- **Technologijos** (priklausomybės, kontrolės, proto manipuliavimo įrankiai)
- **Švietimas** (humanizmas, reliatyvizmas, klaidingas nušvitimas)

Nuo afrikietiško džiudžu iki vakarietiško naujojo amžiaus misticizmo, nuo Artimųjų Rytų džinų garbinimo iki Pietų Amerikos šamanizmo – formos skiriasi, bet **dvasia ta pati** – apgaulė, dominavimas ir naikinimas.

Kodėl ši knyga svarbi dabar

DIDŽIAUSIAS ŠĖTONO triukas – priversti žmones patikėti, kad jo nėra, arba, dar blogiau, kad jo keliai yra nekenksmingi.

Šis pamaldumas yra **dvasinio intelekto vadovas** – atskleidžiantis šydą, atskleidžiantis jo schemas ir įgalinantis tikinčiuosius skirtinguose žemynuose:

- **Atpažinkite** įėjimo taškus
- **Atsisakykite** paslėptų sandorų
- **Priešintis** autoritetui
- **Atgauti** tai, kas buvo pavogta

Tu gimei mūšyje

TAI NE PAMALDUMAS SILPNAŠIRDŽIAMS. Jūs gimėte mūšio lauke, o ne žaidimų aikštelėje. Tačiau gera žinia yra ta, kad **Jėzus jau laimėjo karą!**

„Jis nuginklavo valdovus ir valdžios, viešai jas sugėdino, triumfuodamas prieš jame." (Kolosiečiams 2:15)

Tu nesi auka. Tu esi daugiau nei nugalėtojas per Kristų. Atskleiskime tamsą ir drąsiai ženkime į šviesą.

Pagrindinė įžvalga

Tamsos ištakos yra išdidumas, maištas ir Dievo valdymo atmetimas. Tos pačios sėklos ir šiandien veikia žmonių ir sistemų širdyse. Norėdami suprasti dvasinę kovą, pirmiausia turime suprasti, kaip prasidėjo maištas.

Apmąstymų žurnalas

- Ar aš dvasinę kovą atmečiau kaip prietarą?
- Kokias kultūrines ar šeimos praktikas, kurios gali būti susijusios su senovės maištu, esu normalizavęs?
- Ar aš tikrai suprantu karą, kuriame gimiau?

Apšvietimo malda

Dangiškasis Tėve, atskleisk man paslėptas maišto šaknis aplink mane ir manyje. Atskleisk tamsos melą, kurį galbūt nesąmoningai apkabinau. Tegul Tavo tiesa spindi kiekvienoje tamsioje vietoje. Aš renkuosi Šviesos Karalystę. Aš renkuosi vaikščioti tiesoje, galioje ir laisvėje. Jėzaus vardu. Amen.

2 SKYRIUS: KAIP ŠIANDIEN VEIKIA TAMSIOJI KARALYSTĖ

„*Kad šėtonas mūsų neapgautų, nes mes žinome jo kėslus.*" – 2 Korintiečiams 2:11

Tamsos karalystė neveikia chaotiškai. Tai gerai organizuota, giliai sluoksniuota dvasinė infrastruktūra, atspindinti karinę strategiją. Jos tikslas: infiltruotis, manipuliuoti, kontroliuoti ir galiausiai sunaikinti. Kaip ir Dievo karalystė turi rangą ir tvarką (apaštalai, pranašai ir kt.), taip ir tamsos karalystė turi savo rangą ir tvarką – su kunigaikštystėmis, galybėmis, tamsos valdovais ir dvasinėmis piktybėmis aukštybėse (Efeziečiams 6:12).

Tamsos Karalystė nėra mitas. Tai ne folkloras ar religiniai prietarai. Tai nematomas, bet realus dvasinių agentų tinklas, manipuliuojantis sistemomis, žmonėmis ir net bažnyčiomis, kad įvykdytų Šėtono planą. Nors daugelis įsivaizduoja šakes ir raudonus ragus, tikrasis šios karalystės veikimas yra daug subtilesnis, sistemingesnis ir grėsmingesnis.

1. Apgaulė yra jų valiuta

Priešas prekiauja melu. Nuo Edeno sodo (Pradžios 3) iki šių dienų filosofijų Šėtono taktika visada sukosi apie abejonių sėjimą Dievo Žodyje. Šiandien apgaulė pasireiškia tokia forma:

- *Naujojo Amžiaus mokymai, užmaskuoti kaip nušvitimas*
- *Okultinės praktikos, maskuojamos kaip kultūrinis pasididžiavimas*
- *Raganavimas vaizduojamas muzikoje, filmuose, animaciniuose filmuose ir socialinės žiniasklaidos tendencijose*

Žmonės nesąmoningai dalyvauja ritualuose arba vartoja žiniasklaidos priemones, kurios atveria dvasines duris be įžvalgumo.

2. Blogio hierarchinė struktūra

Kaip Dievo Karalystėje yra tvarka, taip tamsioji karalystė veikia pagal apibrėžtą hierarchiją:

- **Kunigaikštystės** – teritorinės dvasios, darančios įtaką tautoms ir vyriausybėms
- **Galios** – agentai, kurie demoniškomis sistemomis skatina blogį.
- **Tamsos valdovai** – dvasinio aklumo, stabmeldystės, klaidingos religijos koordinatoriai
- **Dvasinis blogis aukštose vietose** – elitinio lygio subjektai, darantys įtaką pasaulio kultūrai, turtui ir technologijoms

Kiekvienas demonas specializuojasi tam tikrose užduotyse – baimėje, priklausomybėje, seksualiniame iškrypime, sumišime, išdidume, susiskaldyme.

3. Kultūrinės kontrolės įrankiai

Velniui nebereikia fiziškai pasirodyti. Dabar sunkų darbą atlieka kultūra. Šiandien jo strategijos apima:

- **Pasąmoninės žinutės:** muzika, laidos, reklamos, pilnos paslėptų simbolių ir atvirkštinių žinučių
- **Desensibilizacija:** Pakartotinis sąlytis su nuodėme (smurtu, nuogumu, nešvankybėmis), kol tai tampa „normalu".
- **Proto kontrolės metodai:** per medijos hipnozę, emocinį manipuliavimą ir priklausomybę sukeliančius algoritmus

Tai nėra atsitiktinumas. Tai strategijos, skirtos susilpninti moralinius įsitikinimus, sugriauti šeimas ir iš naujo apibrėžti tiesą.

4. Kartų susitarimai ir kraujo linijos

Per sapnus, ritualus, pasišventimus ar protėvių sutartis daugelis žmonių nesąmoningai yra susiję su tamsa. Šėtonas tuo pasinaudoja:

- Šeimos altoriai ir protėvių stabai
- Dvasių iškvietimo ceremonijos
- Slaptos šeimos nuodėmės ar prakeiksmai, perduodami iš kartos į kartą

Tai atveria teisinį pagrindą kančioms, kol sandora bus sulaužyta Jėzaus krauju.

5. Netikri stebuklai, netikri pranašai

Tamsos Karalystė mėgsta religiją – ypač jei jai trūksta tiesos ir galios. Netikri pranašai, viliojančios dvasios ir netikri stebuklai apgaudinėja mases:

„Nes pats šėtonas apsimeta šviesos angelu." – 2 Korintiečiams 11:14

Daugelis šiandien seka balsais, kurie kutena jų ausis, bet suriša jų sielas.

Pagrindinė įžvalga

Velnias ne visada garsiai kalba – kartais jis šnabžda per kompromisus. Svarbiausia Tamsos Karalystės taktika – įtikinti žmones, kad jie yra laisvi, nors patys yra subtiliai pavergti.

Apmąstymų žurnalas:

- Kur matėte tokias operacijas savo bendruomenėje ar šalyje?
- Ar yra jūsų normalizuotų laidų, muzikos, programėlių ar ritualų, kurie iš tikrųjų gali būti manipuliavimo įrankiai?

Sąmoningumo ir atgailos malda:

Viešpatie Jėzau, atverk mano akis, kad pamatyčiau priešo veiksmus. Atskleisk kiekvieną melą, kuriuo patikėjau. Atleisk man už kiekvienas duris, kurias atvėriau, sąmoningai ar nesąmoningai. Aš nutraukiu susitarimą su tamsa ir renkuosi Tavo tiesą, Tavo galią ir Tavo laisvę. Jėzaus vardu. Amen.

3 SKYRIUS: ĮĖJIMO TAŠKAI – KAIP ŽMONĖS UŽKLIBA

„**N**eduokite velniui vietos." – Efeziečiams 4:27

Kiekvienoje kultūroje, kartoje ir namuose yra paslėptų angų – vartų, pro kuriuos patenka dvasinė tamsa. Iš pradžių šie įėjimo taškai gali atrodyti nekenksmingi: vaikystės žaidimas, šeimos ritualas, knyga, filmas, neišspręsta trauma. Tačiau vos tik atsivėrę, jie tampa teisėta demonų įtakos platforma.

Bendri įėjimo taškai

1. **Kraujo linijos sandoros** – protėvių priesaikos, ritualai ir stabmeldystė, perduodantys prieigą prie piktųjų dvasių.
2. **Ankstyvas susidūrimas su okultizmu** – kaip ir Bolivijos gyventojos *Lourdes Valdivia* istorijoje, vaikai, susidūrę su raganavimu, spiritizmu ar okultiniais ritualais, dažnai tampa dvasiškai pažeidžiami.
3. **Žiniasklaida ir muzika** – dainos ir filmai, šlovinantys tamsą, jausmingumą ar maištą, gali subtiliai paskatinti dvasinę įtaką.
4. **Trauma ir prievarta** – seksualinė prievarta, smurtinė trauma ar atstūmimas gali atverti sielą slegiančioms dvasioms.
5. **Seksualinė nuodėmė ir sielų ryšiai** – neteisėti seksualiniai sąjungos dažnai sukuria dvasinius ryšius ir dvasių perdavimą.
6. **Naujasis amžius ir klaidinga religija** – kristalai, joga, dvasios vadovai, horoskopai ir „baltoji raganystė" yra užmaskuoti kvietimai.
7. **Kartėlis ir neatlaidumas** – tai suteikia demoniškoms dvasioms teisę būti kankinamoms (žr. Mato 18:34).

Pasaulinio liudijimo akimirka: *Lurdas Valdivija (Bolivija)*

Būdama vos 7 metų, Lourdes su raganavimu susipažino jos motinos, ilgametės okultistės, dėka. Jos namai buvo pilni simbolių, kaulų iš kapinių ir magiškų knygų. Ji patyrė astralinę projekciją, balsus ir kančias, kol galiausiai rado Jėzų ir buvo išlaisvinta. Jos istorija yra viena iš daugelio, įrodančių, kaip ankstyvas susidūrimas ir kartų įtaka atveria duris į dvasinę vergiją.

Nuoroda į „Didesnis išnaudojimas":

Istorijų apie tai, kaip žmonės nesąmoningai atvėrė duris per „nekenksmingą" veiklą, o paskui įklimpo į tamsą, galima rasti knygose *„Didieji išnaudojimai 14"* ir „Išvaduota iš *tamsos galios*" (žr. priedą).

Pagrindinė įžvalga

Priešas retai kada įsiveržia. Jis laukia, kol bus atidarytos durys. Tai, kas atrodo nekalta, paveldėta ar linksma, kartais gali būti būtent tie vartai, kurių priešui reikia.

Apmąstymų žurnalas

- Kokios akimirkos mano gyvenime galėjo būti dvasinės atspirties taškai?
- Ar yra „nekenksmingų" tradicijų ar objektų, kurių man reikia atsikratyti?
- Ar man reikia atsisakyti ko nors iš savo praeities ar šeimos linijos?

Atsisakymo malda

Tėve, aš uždarau visas duris į tamsą, kurias aš ar mano protėviai galėjome atverti. Aš atsižadu visų susitarimų, sielų ryšių ir sąlyčio su bet kuo nešventu. Jėzaus krauju sutraukau kiekvieną grandinę. Skelbiu, kad mano kūnas, siela ir dvasia priklauso tik Kristui. Jėzaus vardu. Amen.

4 SKYRIUS: APRAŠYMAI – NUO APSĖDIMO IKI APSĖDIMO

„**K**ai netyroji dvasia išeina iš žmogaus, ji klaidžioja per bevandenes vietas, ieškodama poilsio ir neranda. Tada sako: 'Grįšiu į namus, iš kurių išėjau'" (Mato 12:43)

Kai žmogus patenka į tamsiosios karalystės įtaką, jos pasireiškimai skiriasi priklausomai nuo demonų prieigos lygio. Dvasinis priešas nepasitenkina apsilankymu – jo galutinis tikslas yra gyventi ir valdyti.

Manifestacijos lygiai

1. **Įtaka** – Priešas įgyja įtaką per mintis, emocijas ir sprendimus.
2. **Priespauda** – tai išorinis spaudimas, sunkumas, sumišimas ir kančia.
3. **Obsesijos** – žmogus fiksuojasi ties tamsiomis mintimis ar kompulsyviu elgesiu.
4. **Apsėdimas** – Retais, bet tikrais atvejais demonai apsigyvena ir nepaiso žmogaus valios, balso ar kūno.

Manifestacijos laipsnis dažnai siejamas su dvasinio kompromiso gyliu.

Pasauliniai manifestacijos atvejų tyrimai

- **Afrika:** dvasinio vyro/žmonos, beprotybės, ritualinės vergijos atvejai.
- **Europa:** Naujojo amžiaus hipnozė, astralinė projekcija ir proto fragmentacija.
- **Azija:** protėvių sielų ryšiai, reinkarnacijos spąstai ir kraujo linijos įžadai.
- **Pietų Amerika:** šamanizmas, dvasios vadovai, priklausomybė nuo aiškiaregystės.
- **Šiaurės Amerika:** raganavimas žiniasklaidoje, „nekenksmingi"

horoskopai, vartai į narkotines medžiagas.
- **Artimieji Rytai:** susidūrimai su džinais, kraujo priesaikos ir pranašystės klastotės.

Kiekvienas žemynas pateikia savo unikalų tos pačios demoniškos sistemos užmaską – ir tikintieji turi išmokti atpažinti ženklus.
Dažni demoniškos veiklos simptomai

- Pasikartojantys košmarai arba miego paralyžius
- Balsai ar psichinės kančios
- Kompulsyvi nuodėmė ir pakartotinis atsimetimas
- Nepaaiškinamos ligos, baimė ar pyktis
- Antgamtinė jėga arba žinios
- Staigus nenoras dvasinių dalykų

Pagrindinė įžvalga
Tai, ką vadiname „psichologinėmis", „emocinėmis" ar „medicininėmis" problemomis, kartais gali būti dvasinės. Ne visada – bet pakankamai dažnai, kad įžvalgumas yra labai svarbus.
Apmąstymų žurnalas

- Ar pastebėjau pasikartojančias kovas, kurios atrodo dvasinio pobūdžio?
- Ar mano šeimoje egzistuoja kartų kartos destrukcijos modeliai?
- Kokią žiniasklaidą, muziką ar santykius įsileidžiu į savo gyvenimą?

Atsisakymo malda
Viešpatie Jėzau, aš atsižadu kiekvieno paslėpto susitarimo, atvirų durų ir bedieviškos sandoros savo gyvenime. Nutraukiu ryšius su viskuo, kas nėra iš Tavęs – sąmoningai ar nesąmoningai. Kviečiu Šventosios Dvasios ugnį sunaikinti kiekvieną tamsos pėdsaką mano gyvenime. Visiškai išlaisvink mane. Tavo galingu vardu. Amen.

5 SKYRIUS: ŽODŽIO GALIA – TIKĖJŲ AUTORIZACIJA

„*Štai aš jums duodu valdžią mindžioti gyvates ir skorpionus, visą priešo galybę, ir niekas jums nepakenks.*" – Lk 10, 19

Daugelis tikinčiųjų gyvena bijodami tamsos, nes nesupranta šviesos, kurią neša. Vis dėlto Šventasis Raštas atskleidžia, kad **Dievo Žodis yra ne tik kalavijas (Efeziečiams 6:17)** – tai ugnis (Jeremijo 23:29), plaktukas, sėkla ir pats gyvenimas. Kovoje tarp šviesos ir tamsos tie, kurie žino ir skelbia Žodį, niekada nebūna aukomis.

Kas yra ši galia?

Tikinčiųjų turima galia yra **deleguota valdžia**. Kaip policininkas su ženkleliu, mes stovime ne savo jėgomis, bet **Jėzaus vardu** ir per Dievo Žodį. Kai Jėzus nugalėjo Šėtoną dykumoje, Jis nešaukė, neverkė ir nepanikavo – Jis tiesiog pasakė: „*Parašyta*".

Tai yra visų dvasinių kovų modelis.

Kodėl daugelis krikščionių lieka nugalėti

1. **Nežinojimas** – jie nežino, ką Žodis sako apie jų tapatybę.
2. **Tyla** – Jie neskelbia Dievo žodžio konkrečiose situacijose.
3. **Nenuoseklumas** – jie gyvena nuodėmės cikluose, kurie ardo pasitikėjimą savimi ir prieigą.

Pergalė – tai ne garsesnis šaukimas; reikia **giliau tikėti** ir **drąsiai skelbti**.

Valdžia veiksme – pasaulinės istorijos

- **Nigerija:** Mažas berniukas, įstrigęs kultoje, buvo išvaduotas, kai jo motina nuolat patepė jo kambarį ir kas vakarą kalbėdavo 91 psalmę.
- **Jungtinės Valstijos:** buvusi vikonė atsisakė raganavimo po to, kai

kolegė kelis mėnesius tyliai skelbė šventraščius virš jos darbo vietos.
- **Indija:** Tikintysis, nuolat susidurdamas su juodosios magijos atakomis, paskelbė Izaijo 54:17 – atakos liovėsi, o užpuolikas prisipažino.
- **Brazilija:** Moteris, kovodama su mintimis apie savižudybę, kasdien kartojo Laiško romiečiams 8 ir pradėjo gyventi antgamtinėje ramybėje.

Žodis yra gyvas. Jam nereikia mūsų tobulumo, tik mūsų tikėjimo ir išpažinimo.

Kaip valdyti žodį kare

1. **Įsiminkite Rašto eilutes**, susijusias su tapatybe, pergale ir apsauga.
2. **Tarkite Žodį garsiai**, ypač dvasinių atakų metu.
3. **Naudokite tai maldoje**, skelbdami Dievo pažadus konkrečiose situacijose.
4. **Pasninkas + Melskitės** su Žodžiu kaip savo inkaru (Mato 17:21).

Pagrindiniai karybos šventraščiai

- *2 Korintiečiams 10:3–5* – Tvirtovių griovimas
- *Izaijo 54:17* – Joks nukaltas ginklas nebus sėkmingas
- *Lk 10, 19* – Galia priešui
- *91 psalmė* – Dievo apsauga
- *Apreiškimo 12:11* – Nugalimas krauju ir liudijimu

Pagrindinė įžvalga

Dievo žodis jūsų burnoje yra toks pat galingas, kaip ir Žodis Dievo burnoje – kai jis tariamas su tikėjimu.

Apmąstymų žurnalas

- Ar žinau savo, kaip tikinčiojo, dvasines teises?
- Kurias Rašto eilutes šiandien aktyviai laikausi savo mintimis?
- Ar leidau baimei ar nežinojimui nutildyti mano autoritetą?

Įgalinimo malda

Tėve, atverk mano akis į valdžią, kurią turiu Kristuje. Išmokyk mane drąsiai ir tikint naudotis Tavo Žodžiu. Kur leidau viešpatauti baimei ar nežinojimui, tegul ateina apreiškimas. Šiandien stoviu kaip Dievo vaikas, ginkluotas Dvasios kardu. Aš tarsiu Žodį. Aš stovėsiu pergalėje. Nebijosiu priešo – nes didesnis Tas, kuris manyje. Jėzaus vardu. Amen.

1 DIENA: KRAUJO LINIJOS IR VARTAI – ŠEIMOS GRANDINIŲ NUTRAUKIMAS

„**M**ūsų tėvai nusidėjo ir jų nebėra, o mes kenčiame jų bausmę." – Raudų 5:7

Galbūt esate išgelbėti, bet jūsų kraujo linija vis tiek turi istoriją – ir kol senosios sandoros nebus sulaužytos, jos toliau kalba.

Kiekviename žemyne yra paslėptų altorių, protėvių paktų, slaptų įžadų ir paveldėtų nusikaltimų, kurie lieka aktyvūs, kol su jais nebūna konkrečiai susidorota. Tai, kas prasidėjo su proseneliais, vis dar gali lemti šių dienų vaikų likimus.

Globalios išraiškos

- **Afrika** – šeimos dievai, orakulai, kartų raganavimas, kraujo aukos.
- **Azija** – protėvių garbinimas, reinkarnacijos ryšiai, karmos grandinės.
- **Lotynų Amerika** – santerija, mirties aukurai, šamanistinės kraujo priesaikos.
- **Europa** – masonai, pagoniškos šaknys, kraujo linijos paktai.
- **Šiaurės Amerika** – Naujojo amžiaus palikimas, masonų linija, okultiniai objektai.

Prakeiksmas tęsiasi tol, kol kas nors atsikelia ir pasako: „Daugiau ne!"

Gilesnis liudijimas – gijimas nuo šaknų

Moteris iš Vakarų Afrikos, perskaičiusi *„Didieji išnaudojimai" 14 skyrių*, suprato, kad jos lėtiniai persileidimai ir nepaaiškinami kankinimai susiję su senelio, kaip šventovės kunigo, pareigomis. Ji prieš daugelį metų buvo priėmusi Kristų, bet niekada nebuvo susidūrusi su šeimos sandoromis.

Po trijų dienų maldos ir pasninko ji buvo paskatinta sunaikinti tam tikrus palikimus ir atsisakyti sandorų, remiantis Galatams 3:13. Tą patį mėnesį ji pastojo ir išnešiojo kūdikį. Šiandien ji vadovauja kitiems gydymo ir išlaisvinimo tarnystėje.

Kitas vyras iš Lotynų Amerikos, iš knygos „ *Išlaisvintas iš tamsos galios*", atrado laisvę, atsižadėjęs masonų prakeiksmo, kurį slapta perdavė jo prosenelis. Kai jis pradėjo taikyti tokias eilutes kaip Izaijo 49:24–26 ir melstis už išlaisvinimą, jo psichinės kančios liovėsi ir namuose atkurta ramybė.

Šios istorijos nėra sutapimai – tai tiesos liudijimai veiksme.

Veiksmų planas – šeimos inventorizacija

1. Užsirašykite visus žinomus šeimos įsitikinimus, praktikas ir priklausomybę – religines, mistines ar slaptas draugijas.
2. Prašykite Dievo apreiškimo apie paslėptus altorius ir sandoras.
3. Su malda sunaikinkite ir išmeskite bet kokį daiktą, susijusį su stabmeldyste ar okultinėmis praktikomis.
4. Pasninkaukite kaip vedami ir pasinaudokite toliau pateiktomis Rašto ištraukomis, kad surastumėte teisinį pagrindą:
    - *Kunigų 26:40–42*
    - *Izaijo 49:24–26*
    - *Galatams 3:13*

GRUPINĖ DISKUSIJA IR paraiška

- Kokie įprasti šeimos įpročiai dažnai pamirštami kaip nekenksmingi, bet gali būti dvasiškai pavojingi?
- Paprašykite narių anonimiškai (jei reikia) pasidalyti bet kokiais sapnais, objektais ar pasikartojančiais ciklais savo kraujo linijoje.
- Grupinė atsisakymo malda – kiekvienas asmuo gali ištarti atsižadimo šeimos ar problemos vardą.

Tarnystės įrankiai: Atsineškite patepimo aliejaus. Aukokite komuniją. Vadovaukite grupei sandoros maldoje už pakeitimą – kiekvienos šeimos linijos pašventimą Kristui.

Pagrindinė įžvalga

Atgimimas išgelbsti tavo dvasią. Šeimos sandorų laužymas išsaugo tavo likimą.

Apmąstymų žurnalas

- Kas mano šeimoje įprasta? Kas turi su manimi liautis?
- Ar mano namuose yra daiktų, pavadinimų ar tradicijų, kurių reikia atsikratyti?
- Kokias duris atvėrė mano protėviai, kurias dabar turiu uždaryti aš?

Išlaisvinimo malda

Viešpatie Jėzau, dėkoju Tau už Tavo kraują, kuris kalba geresnius dalykus. Šiandien aš atsižadu kiekvieno paslėpto altoriaus, šeimos sandoros ir paveldėtos vergijos. Aš sutraukiu savo kraujo linijos grandines ir pareiškiu, kad esu naujas kūrinys. Mano gyvenimas, šeima ir likimas dabar priklauso tik Tau. Jėzaus vardu. Amen.

2 DIENA: SVAJONIŲ INVAZIJOS – KAI NAKTIS TAMPA MŪŠIO LAUKU

„Žmonėms miegant, atėjo jo priešas, pasėjo tarp kviečių raugių ir nuėjo savo keliais." – Mato 13:25

Daugeliui didžiausia dvasinė kova vyksta ne pabudus – ji vyksta miegant.

Sapnai nėra tik atsitiktinis smegenų aktyvumas. Tai dvasiniai portalai, per kuriuos keičiamasi įspėjimais, atakomis, sandoromis ir likimais. Priešas miegą naudoja kaip tylų mūšio lauką baimei, geismui, sumaiščiai ir vilkinimui sėti – visa tai be pasipriešinimo, nes dauguma žmonių nežino apie karą.

Globalios išraiškos

- **Afrika** – dvasiniai sutuoktiniai, gyvatės, valgymas sapnuose, maskaradai.
- **Azija** – protėvių susitikimai, mirties sapnai, karminės kančios.
- **Lotynų Amerika** – Gyvuliški demonai, šešėliai, miego paralyžius.
- **Šiaurės Amerika** – astralinė projekcija, nežemiški sapnai, traumų pasikartojimai.
- **Europa** – gotikos apraiškos, sekso demonai (inkubai/sukubai), sielų fragmentacija.

Jei Šėtonas gali valdyti jūsų sapnus, jis gali paveikti jūsų likimą.

Liudijimas – nuo naktinio siaubo iki taikos

Jauna moteris iš Jungtinės Karalystės parašė el. laišką perskaičiusi knygą *„Buvęs satanistas: Džeimso mainai"*. Ji papasakojo, kaip daugelį metų ją kankino sapnai, kuriuose ją persekioja, kandžioja šunys arba ji miega su nepažįstamais vyrais – o realiame gyvenime tai visada lydėdavo nesėkmės. Jos santykiai žlugo, darbo galimybės išgaravo, o ji nuolat jautėsi išsekusi.

Pasninkaudama ir studijuodama tokias Šventojo Rašto eilutes kaip Jobo 33:14–18, ji atrado, kad Dievas dažnai kalba per sapnus – bet tą patį daro ir priešas. Ji pradėjo tepti galvą aliejumi, pabudusi garsiai atmesti piktus sapnus ir rašyti sapnų dienoraštį. Pamažu jos sapnai tapo aiškesni ir ramesni. Šiandien ji vadovauja paramos grupei jaunoms moterims, kenčiančioms nuo sapnų priepuolių.

Nigerijos verslininkas, išklausęs liudijimą „YouTube", suprato, kad jo sapnas, jog kiekvieną vakarą jam patiekiamas maistas, yra susijęs su raganavimu. Kiekvieną kartą, kai jis sapne priimdavo maistą, jo versle viskas klostydavosi ne taip. Sapne jis išmoko iš karto atmesti maistą, prieš miegą melstis kalbomis ir dabar vietoj to mato dieviškas strategijas bei įspėjimus.

Veiksmų planas – sustiprinkite savo naktinius sargybinius

1. **Prieš miegą:** Garsiai skaitykite Rašto ištraukas. Garbinkite. Patepkite galvą aliejumi.
2. **Sapnų žurnalas:** pabudę užsirašykite kiekvieną sapną – gerą ar blogą. Paprašykite Šventosios Dvasios paaiškinimo.
3. **Atmeskite ir atsisakykite:** jei sapne yra seksualinė veikla, mirę giminaičiai, valgymas ar vergija – nedelsdami atsisakykite jo maldoje.
4. **Šventojo Rašto kova:**
    - *Psalmių 4:8* — Ramus miegas
    - *Jobo 33:14–18* — Dievas kalba per sapnus
    - *Mato 13:25* — Priešas sėja rauges
    - *Izaijo 54:17* — Joks ginklas prieš tave nenukaltas

Grupės paraiška

- Anonimiškai dalinkitės neseniai sapnuotais sapnais. Leiskite grupei atpažinti modelius ir reikšmes.
- Mokykite narius, kaip žodžiu atmesti blogus sapnus ir užantspauduoti gerus maldoje.
- Grupės pareiškimas: „Jėzaus vardu draudžiame demoniškas transakcijas savo sapnuose!"

Tarnystės įrankiai:

- Atsineškite popieriaus ir rašiklių sapnų užrašymui.
- Pademonstruokite, kaip patepti namus ir lovą.
- Atneškite komuniją kaip sandoros antspaudą tai nakčiai.

Pagrindinė įžvalga

Sapnai yra arba vartai į dieviškus susitikimus, arba demonų spąstus. Svarbiausia yra įžvalgumas.

Apmąstymų žurnalas

- Kokius sapnus aš nuolat patyriau?
- Ar skiriu laiko apmąstyti savo sapnus?
- Ar sapnai mane perspėjo apie kažką, ko nepaisiau?

Nakties sargybos malda

Tėve, aš pašvenčiu Tau savo sapnus. Tegul jokia pikta jėga neina į mano miegą. Aš atmetu kiekvieną demonišką sandorą, seksualinį teršimą ar manipuliavimą savo sapnuose. Miegodamas gaunu dievišką apsilankymą, dangiškus nurodymus ir angelų apsaugą. Tegul mano naktys būna kupinos ramybės, apreiškimo ir galios. Jėzaus vardu, amen.

3 DIENA: DVASINIAI SUTUOKTINIAI – NETŠVENTOS SĄJUNGOS, SURIŠANČIOS LIKIMUS

„N*es tavo Kūrėjas yra tavo vyras – Visagalis Viešpats yra Jo vardas..."* – Izaijo 54:5
„Jie paaukojo savo sūnus ir dukteris demonams." – Psalmyno 106:37

Nors daugelis trokšta santuokinio proveržio, jie nesuvokia, kad jau yra **dvasinėje santuokoje** – tokioje, kuriai niekada nepritarė.

Tai **sandoros, sudarytos per sapnus, tvirkinimą, kraujo ritualus, pornografiją, protėvių priesaikas arba demonų perkėlimą**. Dvasinis sutuoktinis – inkubas (vyras) arba sukubas (moteris) – įgyja teisę į asmens kūną, intymumą ir ateitį, dažnai blokuodamas santykius, griaudamas namus, sukeldamas persileidimus ir kurstydamas priklausomybes.

Pasaulinės manifestacijos

- **Afrika** – jūrų dvasios (Mami Wata), dvasios žmonos/vyrai iš vandens karalysčių.
- **Azija** – Dangiškos santuokos, karminiai sielos draugo prakeiksmai, reinkarnuoti sutuoktiniai.
- **Europa** – raganų sąjungos, demoniški meilužiai iš masonų ar druidų šaknų.
- **Lotynų Amerika** – santerijos santuokos, meilės burtai, paktais pagrįstos „dvasinės santuokos".
- **Šiaurės Amerika** – pornografijos sukelti dvasiniai portalai, naujojo amžiaus sekso dvasios, ateivių pagrobimai kaip inkubų susidūrimų apraiškos.

Tikros istorijos – kova už santuokinę laisvę

Tolu, Nigerija.
Tolu buvo 32 metų ir vieniša. Kiekvieną kartą, kai ji susižadėdavo, vyras staiga dingdavo. Ji nuolat svajojo apie santuoką su įmantriomis ceremonijomis. Knygoje „Didieji išnaudojimai 14" ji suprato, kad jos atvejis atitinka ten pateiktą liudijimą. Ji trijų dienų pasninką ir kasnakt vidurnaktį meldėsi, nutraukdama sielos ryšius ir išvarydama ją pasiglemžusią jūrinę dvasią. Šiandien ji ištekėjusi ir konsultuoja kitus.

Lina, Filipinai.
Lina naktimis dažnai jausdavo, kad ją lydi „esatis". Ji manė, kad tik įsivaizduoja, kol galiausiai ant kojų ir šlaunų pradėjo be jokios priežasties atsirasti mėlynės. Jos pastorius atpažino dvasinį sutuoktinį. Ji prisipažino praeityje atlikusi abortą ir pripratusi prie pornografijos, o vėliau išgyveno išlaisvinimą. Dabar ji padeda jaunoms moterims atpažinti panašius modelius savo bendruomenėje.

Veiksmų planas – Sandoros laužymas

1. **Išpažinti** ir atgailauti dėl seksualinių nuodėmių, sielų ryšių, okultizmo poveikio ar protėvių ritualų.
2. **atmeskite** visas dvasines santuokas – jei jos atskleidžiamos vardu.
3. **Pasninkaukite** 3 dienas (arba kaip nurodyta), vadovaudamiesi Izaijo 54 ir Psalmės 18 eilutėmis kaip pagrindinėmis Raštų eilutėmis.
4. **Sunaikink** fizinius žetonus: žiedus, drabužius ar dovanas, susijusias su buvusiais meilužiais ar okultiniais ryšiais.
5. **Garsiai pareikškite** :

Nesu susituokęs su jokia dvasia. Esu sudaręs sandorą su Jėzumi Kristumi. Atmetu bet kokią demonišką sąjungą savo kūne, sieloje ir dvasioje!

Šventojo Rašto įrankiai

- Izaijo 54:4–8 – Dievas kaip tavo tikrasis Vyras
- Psalmė 18 – Mirties pančių sutraukymas
- 1 Korintiečiams 6:15–20 – Jūsų kūnas priklauso Viešpačiui
- Ozėjo 2:6–8 – Bedieviškų sandorų laužymas

Grupės paraiška

- Paklauskite grupės narių: ar kada nors sapnavote vestuves, seksą su nepažįstamaisiais ar šešėlių figūras naktį?
- Vadovauti dvasinių sutuoktinių grupei, kuri atsižadėjo.
- Vaidinkite „skyrybų teismą danguje" – kiekvienas dalyvis maldoje pateikia dvasines skyrybas Dievui.
- Naudokite patepimo aliejų ant galvos, pilvo ir kojų kaip apsivalymo, dauginimosi ir judėjimo simbolius.

Pagrindinė įžvalga

Demoniškos santuokos yra tikros. Tačiau nėra dvasinės sąjungos, kurios negalėtų nutraukti Jėzaus kraujas.

Apmąstymų žurnalas

- Ar aš pasikartojančius sapnus sapnavau apie santuoką ar seksą?
- Ar mano gyvenime yra atstūmimo, delsimo ar persileidimo modelių?
- Ar esu pasirengęs visiškai atiduoti savo kūną, seksualumą ir ateitį Dievui?

Išvadavimo malda

Dangiškasis Tėve, atgailauju už kiekvieną seksualinę nuodėmę, žinomą ar nežinomą. Atmetu ir atsižadu kiekvieno dvasinio sutuoktinio, jūrų dvasios ar okultinės santuokos, reikalaujančios mano gyvybės. Jėzaus kraujo galia sulaužau kiekvieną sandorą, sapnų sėklą ir sielos ryšį. Skelbiu, kad esu Kristaus Nuotaka, atskirta Jo šlovei. Einu laisva Jėzaus vardu. Amen.

4 DIENA: PRAKEIKTI OBJEKTAI – SUTERŠIANČIOS DURYS

„*Neįsivesk į savo namus jokio pasibjaurėjimo, kad nebūtum prakeiktas kaip jis.*" – Pakartoto Įstatymo 7:26

Paslėptas įrašas, kurį daugelis ignoruoja

Ne kiekvienas daiktas yra tiesiog daiktas. Kai kurie daiktai neša istoriją. Kiti – dvasias. Prakeikti objektai yra ne tik stabai ar artefaktai – tai gali būti knygos, papuošalai, statulos, simboliai, dovanos, drabužiai ar net paveldėti relikvijos, kadaise skirtos tamsiosioms jėgoms. Tai, kas yra ant jūsų lentynos, riešo, sienos, gali būti pati kančios pradžia jūsų gyvenime.

Pasauliniai stebėjimai

- **Afrika** : kalabašai, pakabukai ir apyrankės, susietos su raganais gydytojais arba protėvių garbinimu.
- **Azija** : amuletai, zodiako statulos ir šventyklų suvenyrai.
- **Lotynų Amerika** : Santería karoliai, lėlės, žvakės su užrašais apie dvasią.
- **Šiaurės Amerika** : Taro kortos, Ouija lentos, sapnų gaudyklės, siaubo atributai.
- **Europa** : pagoniškos relikvijos, okultinės knygos, raganų tematikos aksesuarai.

Europoje pora, grįžusi iš atostogų Balyje, staiga susirgo ir patyrė dvasinį priespaudą. Nežinodami, jie buvo nusipirkę raižytą statulą, skirtą vietinei jūros dievybei. Po maldos ir įžvalgos jie išėmė statulą ir sudegino. Ramybė sugrįžo iš karto.

Kita moteris iš *„Didžiųjų išnaudojimų"* liudijimų pasakojo apie nepaaiškinamus košmarus, kol paaiškėjo, kad jos tetos padovanotas vėrinys iš tikrųjų buvo dvasinio stebėjimo prietaisas, pašventintas šventovėje.

Namus reikia valyti ne tik fiziškai – juos reikia valyti ir dvasiškai.

Liudijimas: „Lėlė, kuri mane stebėjo"

Lourdes Valdivia, kurios istoriją iš Pietų Amerikos nagrinėjome anksčiau, kartą per šeimos šventę gavo porcelianinę lėlę. Jos mama ją pašventino okultinio ritualo metu. Nuo nakties, kai ji buvo atnešta į jos kambarį, Lourdes pradėjo girdėti balsus, patirti miego paralyžių ir naktį matyti figūras.

Tik kai krikščionis draugas pasimeldė kartu su ja ir Šventoji Dvasia atskleidė lėlės kilmę, ji jos atsikratė. Demoniška dvasia tuoj pat pasitraukė. Tai pradėjo jos pabudimą – nuo priespaudos iki išlaisvinimo.

Veiksmų planas – namų ir širdies auditas

1. **Pereikite per kiekvieną** savo namų kambarį su patepimo aliejumi ir Žodžiu.
2. **Paprašykite Šventosios Dvasios** paryškinti daiktus ar dovanas, kurios nėra iš Dievo.
3. **Sudeginkite arba išmeskite** daiktus, susijusius su okultizmu, stabmeldyste ar amoralumu.
4. **Uždarykite visas duris** tokiais eilėmis kaip:
    - *Pakartoto Įstatymo 7:26*
    - *Apaštalų darbai 19:19*
    - *2 Korintiečiams 6:16–18*

Grupės diskusija ir aktyvinimas

- Pasidalykite bet kokiais daiktais ar dovanomis, kurios jums kažkada priklausė ir turėjo neįprastą poveikį jūsų gyvenime.
- Kartu sukurkite „Namų valymo kontrolinį sąrašą".
- Paskirkite partnerius melstis vienas kito namų aplinkoje (gavus leidimą).
- Pakvieskite vietos išlaisvinimo tarną vesti pranašišką namų apvalymo maldą.

Tarnystės priemonės: patepimo aliejus, garbinimo muzika, šiukšlių maišai (tikram išmetimui) ir ugniai atsparus konteineris sunaikintiniems daiktams.

Pagrindinė įžvalga
Tai, ką leidžiate savo erdvėje, gali įgalinti dvasias jūsų gyvenime.

Apmąstymų žurnalas

- Kokie daiktai mano namuose ar spintoje turi neaiškią dvasinę kilmę?
- Ar dėl sentimentalios vertės įsikibau į kažką, ko dabar turiu atsikratyti?
- Ar esu pasiruošęs pašventinti savo erdvę Šventajai Dvasiai?

Apvalymo malda
Viešpatie Jėzau, kviečiu Tavo Šventąją Dvasią atskleisti viską mano namuose, kas nėra iš Tavęs. Aš atsižadu kiekvieno prakeikto daikto, dovanos ar daikto, kuris buvo pririštas prie tamsos. Skelbiu savo namus šventa žeme. Tegul čia gyvena Tavo ramybė ir tyrumas. Jėzaus vardu. Amen.

5 DIENA: SUŽAVĖTA IR APGAUTA – IŠSIVADAVIMAS IŠ BŪRYBOS DVASIA

„Aukščiausiojo Dievo tarnai , kurie skelbia jums išgelbėjimo kelią." – *Apaštalų darbų 16:17 (NKJV)*

„Bet Paulius, labai suerzintas, atsigręžė ir tarė dvasiai: 'Jėzaus Kristaus vardu įsakau tau išeiti iš jos!' Ir tą pačią valandą ji išėjo." – *Apaštalų darbų 16:18*

Tarp pranašystės ir būrimo yra plona riba – ir daugelis šiandien ją peržengia net nežinodami.

Nuo „YouTube" pranašų, kurie ima mokestį už „asmeninius žodžius", iki socialinių tinklų taro kortelių skaitytojų, cituojančių Šventąjį Raštą, pasaulis tapo dvasinio triukšmo rinka. Ir, deja, daugelis tikinčiųjų nežinodami geria iš užterštų upelių.

Būrimo dvasia mėgdžioja Šventąją Dvasią. Ji meilikauja, gundo, manipuliuoja emocijomis ir įvilioja savo aukas į kontrolės tinklą. Jos tikslas? **Dvasiškai įpainioti, apgauti ir pavergti.**

Pasaulinės būrimo išraiškos

- **Afrika** – orakulai, Ifo žyniai, vandens dvasių mediumai, pranašiška apgaulė.
- **Azija** – chiromantai, astrologai, protėvių pranašai, reinkarnacijos „pranašai".
- **Lotynų Amerika** – santerijos pranašai, kerų kūrėjai, šventieji, turintys tamsiųjų galių.
- **Europa** – Taro kortos, aiškiaregystė, vidutiniai apskritimai, Naujojo Amžiaus čenelingas.
- **Šiaurės Amerika** – „krikščioniški" ekstrasensai, numerologija bažnyčiose, angelų kortos, dvasiniai vadovai, apsimetę Šventąja Dvasia.

Pavojinga ne tik tai, ką jie sako, bet ir už jų slypinti **dvasia**.

Liudijimas: nuo aiškiaregystės iki Kristaus

Amerikietė „YouTube" platformoje paliudijo, kaip iš „krikščionės pranašės" ji suprato, kad veikiama būrimo dvasios. Ji pradėjo aiškiai matyti vizijas, skelbti detalius pranašiškus žodžius ir pritraukti dideles minias žmonių internete. Tačiau ji taip pat kovojo su depresija, košmarais ir po kiekvieno seanso girdėjo šnabždesius.

Vieną dieną, žiūrėdama mokymą apie *Apaštalų darbų 16 skyrių*, jai nukrito žvynai. Ji suprato, kad niekada nebuvo paklususi Šventajai Dvasiai – tik savo dovanai. Po gilios atgailos ir išvadavimo ji sunaikino savo angelo korteles ir pasninko dienoraštį, pripildytą ritualų. Šiandien ji skelbia Jėzų, o ne „žodžius".

Veiksmų planas – Dvasių išbandymas

1. Paklauskite: Ar šis žodis / dovana mane traukia prie **Kristaus**, ar prie **žmogaus,** kuris jį / ją dovanoja?
2. Išbandykite kiekvieną dvasią pagal *1 Jono 4:1–3*.
3. Atgailaukite už bet kokį dalyvavimą psichinėse, okultinėse ar netikrose pranašystės praktikose.
4. Nutraukite visus sielos ryšius su netikrais pranašais, būrėjais ar raganavimo instruktoriais (net ir internetu).
5. Drąsiai pareikškite:

„Aš atmetu kiekvieną meluojančią dvasią. Aš priklausau tik Jėzui. Mano ausys girdės Jo balsą!"

Grupės paraiška

- Aptarkite: Ar kada nors sekėte pranašu ar dvasiniu vadovu, kuris vėliau pasirodė esąs netikras?
- Grupinis pratimas: Paskatinkite narius atsisakyti konkrečių praktikų, tokių kaip astrologija, sielų skaitymas, ekstrasensų žaidimai ar dvasinių įtakingų asmenų, kurie nėra įsišaknijęKristuje.
- Pakvieskite Šventąją Dvasią: skirkite 10 minučių tylai ir klausymuisi. Tada pasidalykite, ką Dievas apreiškia – jei ką nors apreiškia.
- Įrašykite arba ištrinkite su būrimu susijusius skaitmeninius / fizinius daiktus, įskaitant knygas, programėles, vaizdo įrašus ar užrašus.

Tarnystės įrankiai:
išlaisvinimo aliejus, kryžius (pasidavimo simbolis), šiukšliadėžė/kibiras simboliniams daiktams išmesti, garbinimo muzika, kurios centre yra Šventoji Dvasia.

Pagrindinė įžvalga
Ne visa antgamtinė yra iš Dievo. Tikrosios pranašystės kyla iš artumo su Kristumi, o ne iš manipuliacijų ar spektaklių.

Apmąstymų žurnalas

- Ar mane kada nors traukė psichinės ar manipuliacinės dvasinės praktikos?
- Ar esu labiau priklausomas nuo „žodžių" nei nuo Dievo žodžio?
- Kokius balsus aš leidau išgirsti, kuriuos dabar reikia nutildyti?

IŠVADAVIMO MALDA

Tėve, aš nesutinku su kiekviena būrimo, manipuliavimo ir netikrų pranašysčių dvasia. Atgailauju, kad ieškojau nurodymų be Tavo balso. Apvalyk mano protą, sielą ir dvasią. Išmokyk mane vaikščioti vien Tavo Dvasia. Aš uždarau kiekvienas duris, kurias atvėriau okultizmui, sąmoningai ar nesąmoningai. Aš pareiškiu, kad Jėzus yra mano Ganytojas, ir aš girdžiu tik Jo balsą. Galinguoju Jėzaus vardu, Amen.

6 DIENA: AKIES VARTAI – TAMSOSIOS PORTALŲ UŽDARYMAS

„**A**kis – kūno žiburys. Jei tavo akys sveikos, visas tavo kūnas bus šviesus." – *Mato 6:22 (NIV)*

„Jokių piktų dalykų nelaikysiu savo akimis..." – *Psalmių 101:3 (KJV)*

Dvasinėje sferoje **jūsų akys yra vartai**. Tai, kas patenka pro jūsų akis, veikia jūsų sielą – tyrumą ar suterštumą. Priešas tai žino. Štai kodėl žiniasklaida, vaizdai, pornografija, siaubo filmai, okultiniai simboliai, mados tendencijos ir gundantis turinys tapo mūšio laukais.

Karas dėl tavo dėmesio yra karas dėl tavo sielos.

Tai, ką daugelis laiko „nekenksmingomis pramogomis", dažnai yra užkoduotas kvietimas – geismui, baimei, manipuliavimui, puikybei, tuštybei, maištui ar net demoniškam prisirišimui.

Visualiniai vizualinės tamsos vartai

- **Afrika** – ritualiniai filmai, Nollywood temos, normalizuojančios raganavimą ir poligamiją.
- **Azija** – anime ir manga su dvasiniais portalais, gundančiomis dvasiomis, astralinėmis kelionėmis.
- **Europa** – gotikinė mada, siaubo filmai, vampyrų manija, šėtoniškas menas.
- **Lotynų Amerika** – telenovelės, šlovinančios burtininkavimą, prakeiksmus ir kerštą.
- **Šiaurės Amerika** – pagrindinė žiniasklaida, muzikiniai vaizdo klipai, pornografija, „mielos" demoniškos animacijos.

Į ką nuolat žiūri, tam ir tampate nejautrūs.

Istorija: „Animacija, kuri prakeikė mano vaiką"

Motina iš JAV pastebėjo, kad jos penkiametis pradėjo naktimis rėkti ir piešti nerimą keliančius vaizdus. Po maldos Šventoji Dvasia parodė jai animacinį filmuką, kurį sūnus slapta žiūrėjo – jame buvo daug burtų, kalbančių dvasių ir simbolių, kurių ji nebuvo pastebėjusi.

Ji ištrynė laidas ir patepė savo namus bei ekranus. Po kelių naktų, praleistų maldaujant vidurnaktį ir skaitant 91 psalmę, priepuoliai liovėsi, ir berniukas pradėjo ramiai miegoti. Dabar ji vadovauja paramos grupei, padedančiai tėvams saugoti savo vaikų regėjimo vartus.

Veiksmų planas – Akių vartų valymas

1. Atlikite **žiniasklaidos auditą**: ką žiūrite? Skaitote? Slenkate?
2. Atšaukite prenumeratas arba platformas, kurios maitina jūsų kūną, o ne tikėjimą.
3. Patepkite savo akis ir ekranus, skelbdami Psalmių 101:3.
4. Pakeiskite šiukšles dieviška informacija – dokumentiniais filmais, garbinimu, gryna pramoga.
5. Pareiškiu:

„Nekelsiu prieš akis jokio bjaurumo. Mano vizija priklauso Dievui."

Grupės paraiška

- Iššūkis: 7 dienų „Akių vartų" pasninkas – jokios toksiškos žiniasklaidos, jokio tuščio slinkimo.
- Dalytis: Kokį turinį Šventoji Dvasia liepė jums nustoti žiūrėti?
- Pratimas: Uždėkite rankas ant akių ir atsisakykite bet kokio regėjimo suteršimo (pvz., pornografijos, siaubo, tuštybės).
- Veikla: Pakvieskite narius ištrinti programėles, sudeginti knygas arba išmesti daiktus, kurie gadina jų regėjimą.

Įrankiai: alyvuogių aliejus, atskaitomybės programėlės, Šventojo Rašto ekrano užsklandos, maldos kortelės „Akių vartai".

Pagrindinė įžvalga

Negalite valdyti demonų, jei jie jus linksmina.

Apmąstymų žurnalas

- Kuo maitinu savo akis, kas gali maitinti tamsą mano gyvenime?
- Kada paskutinį kartą verkiau dėl to, kas drasko Dievo širdį?
- Ar suteikiau Šventajai Dvasiai visišką savo laiko prie ekranų kontrolę?

Tyrumo malda

Viešpatie Jėzau, prašau Tavo kraujo nuplauti mano akis. Atleisk man už viską, ką įsileidau per savo ekranus, knygas ir vaizduotę. Šiandien pareiškiu, kad mano akys skirtos šviesai, o ne tamsai. Atmetu kiekvieną vaizdinį, geismą ir įtaką, kuri nėra iš Tavęs. Apvalyk mano sielą. Saugok mano žvilgsnį. Ir leisk man matyti tai, ką Tu matai – šventume ir tiesoje. Amen.

7 DIENA: VARDŲ GALIA – NEŠVENTŲ TAPATYBIŲ ATSISAKYMAS

„Jabecas šaukėsi Izraelio Dievo, sakydamas: „O, kad mane palaimintų..." Ir Dievas suteikė jam, ko jis prašė."
– *1 Metraščių 4:10*
„Tu nebesivadinsi Abramu, bet Abraomu..." – *Pradžios 17:5*

Vardai nėra tik etiketės – tai dvasinės deklaracijos. Šventajame Rašte vardai dažnai atspindėdavo likimą, asmenybę ar net vergiją. Įvardyti ką nors reiškia suteikti jam tapatybę ir kryptį. Priešas tai supranta – štai kodėl daugelis žmonių nesąmoningai yra įstrigę po vardais, duotais iš nežinojimo, skausmo ar dvasinės vergijos.

Kaip Dievas pakeitė vardus (Abramas tapo Abraomu, Jokūbas – Izraeliu, Sara – Sarą), taip Jis ir toliau keičia likimus, pervadindamas savo tautą.

Vardo surišimo pasauliniai kontekstai

- **Afrika** – vaikai, pavadinti mirusių protėvių ar stabų vardais („Ogbanje", „Dike", „Ifunanya " su prasmėmis).
- **Azija** – reinkarnacijos vardai, susiję su karminiais ciklais ar dievybėmis.
- **Europa** – vardai, kilę iš pagoniško ar raganavimo paveldo (pvz., Freja, Toras, Merlinas).
- **Lotynų Amerika** – santerijos paveikti pavadinimai, ypač per dvasinius krikštus.
- **Šiaurės Amerika** – pavadinimai, paimti iš popkultūros, maišto judėjimų ar protėvių pagerbimų.

Vardai yra svarbūs – jie gali nešti galią, palaiminimą arba vergiją.
Istorija: „Kodėl turėjau pervadinti savo dukrą"

Knygoje *„ Didieji išnaudojimai" (angl. Greater Exploits 14)* Nigerijos pora savo dukrą pavadino „Amaka", reiškiančia „graži", tačiau ji sirgo reta liga, kuri glumino gydytojus. Pranašų konferencijos metu motina gavo apreiškimą: šį vardą kadaise naudojo jos močiutė, ragana gydytoja, kurios dvasia dabar reikalavo vaiko.

Jie pakeitė jos vardą į „ Oluwatamilore " (Dievas mane palaimino), po to buvo pasninkaujama ir meldžiamasi. Mergaitė visiškai pasveiko.

Kitas atvejis iš Indijos buvo susijęs su vyru, vardu „Karma", kovojančiu su kartų prakeiksmais. Atsisakęs hinduizmo ryšių ir pasikeitęs vardą į „Jonathan", jis pradėjo patirti proveržį finansų ir sveikatos srityje.

Veiksmų planas – jūsų vardo tyrimas

1. Ištirkite visą savo vardų reikšmę – vardą, pavardę, tėvavardį.
2. Paklauskite tėvų ar vyresniųjų, kodėl jums buvo duoti tokie vardai.
3. Maldoje atsisakykite neigiamų dvasinių prasmių ar pasišventimų.
4. Skelbkite savo dieviškąją tapatybę Kristuje:

„Esu vadinamas Dievo vardu. Mano naujasis vardas įrašytas danguje (Apreiškimas 2:17)."

GRUPĖS ĮSITRAUKIMAS

- Paklauskite narių: Ką reiškia jūsų vardas? Ar sapnavote su juo susijusius sapnus?
- Atlikite „vardinimo maldą" – pranašiškai paskelbkite kiekvieno žmogaus tapatybę.
- Uždėkite rankas ant tų, kuriems reikia išsivaduoti iš vardų, susietų su sandoromis ar protėvių vergija.

Priemonės: Atsispausdinkite vardų reikšmių korteles, atsineškite patepimo aliejaus, naudokite Rašto eilutes apie vardų keitimą.

Pagrindinė įžvalga

Negalite vaikščioti su savo tikra tapatybe ir tuo pačiu metu atsakyti į netikrą.

Apmąstymų žurnalas

- Ką mano vardas reiškia – dvasiškai ir kultūriškai?
- Ar jaučiuosi susijęs su savo vardu, ar su juo konfliktuojantis?
- Kokiu vardu mane vadina dangus?

Pervadinimo malda

Tėve, Jėzaus vardu dėkoju Tau, kad suteikei man naują tapatybę Kristuje. Aš sulaužau kiekvieną prakeiksmą, sandorą ar demonišką ryšį, susijusį su mano vardais. Aš atsižadu kiekvieno vardo, kuris nesutampa su Tavo valia. Aš priimu vardą ir tapatybę, kurią man davė dangus – kupiną galios, tikslo ir tyrumo. Jėzaus vardu, Amen.

8 DIENA: KLAIDINGOS ŠVIESOS DEMASKAVIMAS – NAUJOJO AMŽIAUS SPĄSTAI IR ANGELŲ APGAULYS

„*Ir nenuostabu! Pats šėtonas apsimeta šviesos angelu.*" – 2 Korintiečiams 11:14

„*Mylimieji, ne kiekviena dvasia tikėkite, bet ištirkite dvasias, ar jos iš Dievo...*" – 1 Jono 4:1

Ne viskas, kas šviečia, yra Dievas.

Šiandieniniame pasaulyje vis daugiau žmonių ieško „šviesos", „gydymo" ir „energijos" už Dievo žodžio ribų. Jie kreipiasi į meditaciją, jogos altorius, trečiosios akies aktyvavimą, protėvių iškvietimą, taro kortų skaitymą, mėnulio ritualus, angelų perdavimą ir netgi krikščioniškai skambantį misticizmą. Apgaulė yra stipri, nes iš pradžių ji dažnai ateina su ramybe, grožiu ir galia.

Tačiau už šių judėjimų slypi būrimo, klaidingų pranašysčių dvasios ir senovės dievybės, kurios dėvi šviesos kaukę, kad gautų legalų priėjimą prie žmonių sielų.

Klaidingos šviesos pasaulinis pasiekiamumas

- **Šiaurės Amerika** – kristalai, šalavijų valymas, traukos dėsnis, ekstrasensai, nežemiškų šviesų kodai.
- **Europa** – pervadinta pagonybė, deivių garbinimas, baltoji raganystė, dvasinės šventės.
- **Lotynų Amerika** – santerija susimaišiusi su katalikų šventaisiais, spiritistais gydytojais (curanderos).
- **Afrika** – pranašystės klastotės, naudojant angelų altorius ir ritualinį vandenį.
- **Azija** – čakros, jogos „nušvitimas", reinkarnacijos konsultavimas, šventyklų dvasios.

Šios praktikos gali suteikti laikiną „šviesą", bet laikui bėgant jos aptemdo sielą.

Liudijimas: Išvadavimas iš apgaulingos šviesos

Nuo „*Greater Exploits 14*" laikų Mercy (JK) lankė angelų seminarus ir praktikavo „krikščionišką" meditaciją su smilkalais, kristalais ir angelų kortomis. Ji tikėjo, kad pasiekia Dievo šviesą, tačiau netrukus miegodama pradėjo girdėti balsus ir naktį jausti nepaaiškinamą baimę.

Jos išlaisvinimas prasidėjo, kai kažkas jai padovanojo „*The Jameses Exchange*" (liet. „*Džeimso mainai* "), ir ji suprato savo patirčių panašumus su buvusio satanisto, kalbėjusio apie angelų apgaules, patirtimi. Ji atgailavo, sunaikino visus okultinius objektus ir pasidavė visiško išlaisvinimo maldoms.

Šiandien ji drąsiai liudija prieš Naujojo Amžiaus apgaulę bažnyčiose ir padėjo kitiems atsisakyti panašių kelių.

Veiksmų planas – Dvasių išbandymas

1. **Inventorizuoti savo praktikas ir įsitikinimus** – ar jie atitinka Šventąjį Raštą, ar tiesiog yra dvasingi?
2. **Atsisakykite ir sunaikinkite** visas netikros šviesos medžiagas: kristalus, jogos vadovus, angelų kortas, sapnų gaudykles ir kt.
3. **Melskitės pagal Psalmių 119:105** – prašykite Dievo, kad Jo Žodis būtų jūsų vienintelė šviesa.
4. **Paskelbkite karą sumaiščiai** – suriškite pažįstamas dvasias ir klaidingą apreiškimą.

GRUPĖS PARAIŠKA

- **Aptarkite** : Ar jūs ar jūsų pažįstamas buvote įtrauktas į „dvasines" praktikas, kurios nebuvo sutelktos į Jėzų?
- **Vaidmenų žaidimo įžvalga** : perskaitykite „dvasinių" posakių ištraukas (pvz., „Pasitikėk visata") ir palyginkite jas su Šventuoju Raštu.
- **Patepimo ir išlaisvinimo sesija** : Sudaužykite aukurus netikrai šviesai ir pakeiskite juos sandora su *pasaulio šviesa* (Jn 8, 12).

Tarnybos įrankiai :

- Atsineškite tikrų „New Age" daiktų (arba jų nuotraukų) mokymui su daiktais.
- Kalbėkite išvadavimo maldą prieš dvasias, kurios lydi žinovus (žr. Apaštalų darbų 16:16–18).

Pagrindinė įžvalga
Pavojingiausias šėtono ginklas yra ne tamsa – tai netikra šviesa.

Apmąstymų žurnalas

- Ar atvėriau dvasines duris per „šviesos" mokymus, kurie nėra įsišakniję Šventajame Rašte?
- Ar pasitikiu Šventąja Dvasia, ar intuicija ir energija?
- Ar esu pasirengęs atsisakyti visų klaidingo dvasingumo formų dėl Dievo tiesos?

ATSISAKYMO MALDA

Tėve , atgailauju už kiekvieną būdą, kuriuo linksminau ar bendravau su netikra šviesa. Atsisakau visų Naujojo Amžiaus formų, raganavimo ir apgaulingo dvasingumo. Nutraukiu visus sielos ryšius su angelais apsimetėliais, dvasios vadovais ir netikru apreiškimu. Priimu Jėzų, tikrąją pasaulio Šviesą. Pareiškiu, kad neseksiu jokio kito balso, tik Tavo, Jėzaus vardu. Amen.

9 DIENA: KRAUJO AUKURAS – SANDOROS, KURIOS REIKALAUJA GYVENIMO

„*Jie pastatė Baalui aukštumas... kad savo sūnus ir dukteris aukotų Molechui.*" – Jeremijo 32:35

„*Ir jie nugalėjo jį Avinėlio krauju ir savo liudijimo žodžiu...*" – Apreiškimo 12:11

Yra altorių, kurie ne tik prašo jūsų dėmesio – jie reikalauja jūsų kraujo.

Nuo seniausių laikų iki šių dienų kraujo sandoros buvo pagrindinė tamsos karalystės praktika. Kai kurios sudaromos sąmoningai per raganavimą, abortus, ritualinius žudymus ar okultines iniciacijas. Kitos paveldimos per protėvių praktikas arba nesąmoningai sudaromos dėl dvasinio nežinojimo.

Visur, kur praliejamas nekaltas kraujas – šventovėse, miegamuosiuose ar posėdžių salėse – kalba demoniškas altorius.

Šie altoriai nusineša gyvybes, sutrumpina likimus ir sukuria teisinę bazę demoniškoms kančioms.

Pasauliniai kraujo altoriai

- **Afrika** – ritualinės žudynės, pinigų ritualai, vaikų aukojimai, kraujo sutartys gimimo metu.
- **Azija** – šventyklų kraujo aukos, šeimos prakeiksmai per abortą ar karo priesaikas.
- **Lotynų Amerika** – santerijos gyvūnų aukos, kraujo aukojimas mirusiųjų dvasioms.
- **Šiaurės Amerika** – aborto kaip sakramento ideologija, demoniškos kraujo priesaikos brolijos.
- **Europa** – senovės druidų ir masonų apeigos, Antrojo pasaulinio karo laikų kraujo praliejimo altoriai, dėl kurių vis dar neatgailaujama.

Šios sandoros, nebent sulaužomos, ir toliau nusineša gyvybių, dažnai ciklais.

Tikra istorija: Tėvo auka

Knygoje „*Išlaisvinta iš tamsos galios* " moteris iš Centrinės Afrikos išlaisvinimo seanso metu atrado, kad jos dažni susidūrimai su mirtimi susiję su kraujo priesaika, kurią davė jos tėvas. Jis pažadėjo jai gyvybę mainais į turtus po daugelio nevaisingumo metų.

Po tėvo mirties ji pradėjo matyti šešėlius ir kasmet per savo gimtadienį patirdavo beveik mirtinų nelaimingų atsitikimų. Jos proveržis įvyko, kai ji kasdien sau ištardavo Psalmės 118:17 eilutę – „*Aš nemirsiu, bet gyvensiu...* ", o po to melsdavosi už save ir pasninkavo. Šiandien ji vadovauja galingai užtarimo tarnystei.

Kitame pasakojime iš „*Didieji išnaudojimai* " 14 aprašomas vyras Lotynų Amerikoje, dalyvavęs gaujos iniciacijoje, kurios metu buvo praliejamas kraujas. Po daugelio metų, net ir priėmęs Kristų, jo gyvenimas buvo nuolatinėje suirutėje – kol jis sulaužė kraujo sandorą per ilgą pasninką, viešą išpažintį ir vandens krikštą. Kankinimai liovėsi.

Veiksmų planas – kraujo altorių nutildymas

1. **Atgailaukite** už bet kokį abortą, slapto kraujo sutartis ar paveldimą kraujo praliejimą.
2. Garsiai vardydami **atsisakykite visų žinomų ir nežinomų kraujo sandorų.**
3. **Pasninkaukite 3 dienas,** kasdien priimdami komuniją, skelbdami Jėzaus kraują savo teisėtu priedanga.
4. **Garsiai paskelbkite** :

„*Jėzaus krauju aš sulaužau kiekvieną kraujo sandorą, sudarytą mano vardu. Esu atpirktas!* "

GRUPĖS PARAIŠKA

- Aptarkite skirtumą tarp natūralaus kraujo ryšių ir demoniškų kraujo sandorų.

- Kraujo aukurams pavaizduoti naudokite raudoną juostelę / siūlą, o žirklėmis juos pranašiškai iškirpkite.
- Pakvieskite liudyti žmogų, kuris išsivadavo iš kraujo ryšių.

Tarnybos įrankiai :

- Komunijos elementai
- Patepimo aliejus
- Pristatymo deklaracijos
- Žvakių šviesos altoriaus laužymo vaizdinė priemonė, jei įmanoma

Pagrindinė įžvalga
Šėtonas prekiauja krauju. Jėzus permokėjo už tavo laisvę savuoju.

Apmąstymų žurnalas

- Ar aš ar mano šeima dalyvavome bet kokioje veikloje, susijusioje su kraujo praliejimu ar priesaikomis?
- Ar mano kraujo linijoje yra pasikartojančių mirčių, persileidimų ar smurto modelių?
- Ar aš visiškai pasitikėjau Jėzaus krauju, kad Jis garsiau kalbėtų mano gyvenime?

Išvadavimo malda
Viešpatie Jėzau , dėkoju Tau už Tavo brangų kraują, kuris kalba geresnius dalykus nei Abelio kraujas. Atgailauju už bet kokią kraujo sandorą, kurią aš ar mano protėviai sudarėme, sąmoningai ar nesąmoningai. Dabar jų atsižadu. Skelbiu, kad esu uždengtas Avinėlio krauju. Tegul kiekvienas demoniškas aukuras, reikalaujantis mano gyvybės, bus nutildytas ir sugriautas. Aš gyvenu, nes Tu mirei už mane. Jėzaus vardu, Amen.

10 DIENA: NEVAISINGUMAS IR NEGYVENIMAS – KAI ĮSČIA TAMPA MŪŠIO LAUKU

„*Tavo krašte niekas nepagimdys nė vieno nevaisingo, Aš įvykdysiu tavo dienų skaičių.*" – Išėjimo 23:26

„*Jis duoda bevaikei moteriai šeimą, padaro ją laiminga motina. Garbė Viešpačiui!*" – Psalmyno 113:9

Nevaisingumas yra daugiau nei medicininė problema. Tai gali būti dvasinė tvirtovė, įsišaknijusi giliuose emociniuose, protėvių ir net teritoriniuose ginčuose.

Įvairiose tautose priešas naudoja nevaisingumą moterų ir šeimų sugėdinimui, izoliacijai ir sunaikinimui. Nors kai kurios priežastys yra fiziologinės, daugelis yra giliai dvasinės – susijusios su kartų altoriais, prakeiksmais, dvasiniais sutuoktiniais, nutrauktais likimais ar sielos žaizdomis.

Už kiekvienos nevaisingos įsčios slypi dangaus pažadas. Tačiau dažnai prieš apvaisinimą reikia kovoti – tiek įsčiose, tiek dvasioje.

Pasauliniai nevaisingumo modeliai

- **Afrika** – siejama su poligamija, protėvių prakeiksmais, šventovių paktais ir dvasiniais vaikais.
- **Azija** – karmos įsitikinimai, praeities gyvenimų įžadai, kartų prakeiksmai, gėdos kultūra.
- **Lotynų Amerika** – raganavimo sukeltas gimdos uždarymas, pavydo burtai.
- **Europa** – pernelyg didelė priklausomybė nuo dirbtinio apvaisinimo, masonų vaikų aukos, kaltės jausmas dėl abortų.
- **Šiaurės Amerika** – emocinė trauma, sielos žaizdos, persileidimo ciklai, hormonus keičiantys vaistai.

TIKROS ISTORIJOS – nuo ašarų iki liudijimų
Marija iš Bolivijos (Lotynų Amerika)

Marija patyrė 5 persileidimus. Kiekvieną kartą ji sapnuodavo, kad laiko verkiantį kūdikį, o kitą rytą matydavo kraują. Gydytojai negalėjo paaiškinti jos būklės. Perskaičiusi liudijimą knygoje „ *Didieji išnaudojimai*" , ji suprato, kad paveldėjo šeimos nevaisingumo aukurą iš močiutės, kuri visas moterų įsčias paskyrė vietinei dievybei.

Ji pasninkavo ir 14 dienų skaitė 113 psalmę. Jos pastorius vadovavo jai sulaužant sandorą per komuniją. Po devynių mėnesių ji pagimdė dvynukus.

Ngozi iš Nigerijos (Afrika).

Ngozi buvo ištekėjusi 10 metų ir neturėjo vaikų. Išlaisvinimo maldų metu paaiškėjo, kad dvasinėje srityje ji buvo ištekėjusi už jūrų pėstininko. Kiekvieno ovuliacijos ciklo metu ji sapnuodavo seksualinius sapnus. Po virtinės vidurnakčio karo maldų ir pranašiško akto – sudeginto vestuvinio žiedo iš praeities okultinės iniciacijos – jos gimda atsivėrė.

Veiksmų planas – gimdos atvėrimas

1. **Nustatykite šaknį** – protėvių, emocinę, santuokinę ar medicininę.
2. **Atgailaukite už praeities abortus** , sielų ryšius, seksualines nuodėmes ir okultinius pasišventimus.
3. **Kasdien patepk savo įsčias** , skelbdamas Išėjimo 23:26 ir Psalmės 113.
4. **Pasninkaukite 3 dienas** ir kasdien priimkite komuniją, atmesdami visus prie jūsų įsčių priryštus altorius.
5. **Kalbėk garsiai** :

Palaiminta mano įsčia. Aš atmetu bet kokią nevaisingumo sandorą. Aš pradėsiu ir išnešiosiu kūdikį iki galo Šventosios Dvasios galia!

Grupės paraiška

- Pakvieskite moteris (ir poras) pasidalinti vėlavimo našta saugioje, maldingoje erdvėje.
- Naudokite raudonus šalikus arba audinius, surištus aplink juosmenį, o tada pranašiškai atriškite juos kaip laisvės ženklą.
- Vadovaukite pranašiškai „vardų suteikimo" ceremonijai – paskelbkite tikėjimu vaikus, kurie dar negims .
- Maldos ratuose atsikratykite žodinių keiksmų, kultūrinės gėdos ir savęs neapykantos.

Tarnystės įrankiai:

- Alyvuogių aliejus (įsčių patepimui)
- Komunija
- Mantijos/šaliai (simbolizuojantys apdangalą ir naujumą)

Pagrindinė įžvalga
Nevaisingumas nėra pabaiga – tai kvietimas karui, tikėjimui ir atkūrimui. Dievo delsimas nėra neigimas.

Apmąstymų žurnalas

- Kokios emocinės ar dvasinės žaizdos pririštos prie mano įsčios?
- Ar leidau gėdai ar kartėliui pakeisti mano viltį?
- Ar esu pasirengęs tikėjimu ir veiksmais spręsti pagrindines priežastis?

Išgijimo ir Prasidėjimo malda

Tėve , aš remiuosi Tavo Žodžiu, kuris sako, kad niekas nebus nevaisingas žemėje. Aš atmetu kiekvieną melą, aukurą ir dvasią, skirtą mano vaisingumui stabdyti. Aš atleidžiu sau ir kitiems, kurie kalbėjo piktai apie mano kūną. Aš gaunu išgijimą, atstatymą ir gyvenimą. Skelbiu savo įsčias vaisingas, o mano džiaugsmas – pilnas. Jėzaus vardu. Amen.

11 DIENA: AUTOIMUNINIAI SUTRIKIMAI IR LĖTINIS NUOVARGIS – NEMATOMAS VIDUJE VYKSTANTIS KARAS

„*Namas, kuris suskilęs pats su savimi, neišsilaikys.*" – Mato 12:25.
„*Jis duoda silpniesiems galią, o silpniesiems – sustiprina jėgą.*" – Izaijo 40:29.

Autoimuninės ligos yra tada, kai organizmas puola pats save – savo ląsteles painioja su priešais. Šiai grupei priklauso vilkligė, reumatoidinis artritas, išsėtinė sklerozė, Hašimoto liga ir kitos.

Lėtinio nuovargio sindromas (LNS), fibromialgija ir kiti nepaaiškinami išsekimo sutrikimai dažnai sutampa su autoimuninėmis problemomis. Tačiau be biologinių priežasčių daugelis kenčiančiųjų patiria emocines traumas, sielos žaizdas ir dvasinę naštą.

Kūnas šaukiasi – ne tik vaistų, bet ir ramybės. Daugelis kariauja viduje.

Pasaulinis žvilgsnis

- **Afrika** – didėjantis autoimuninių ligų, susijusių su traumomis, tarša ir stresu, skaičius.
- **Azija** – didelis skydliaukės sutrikimų dažnis, susijęs su protėvių slopinimu ir gėdos kultūra.
- **Europa ir Amerika** – lėtinio nuovargio ir perdegimo epidemija dėl į rezultatus orientuotos kultūros.
- **Lotynų Amerika** – kenčiantiesiems dažnai diagnozuojama neteisinga diagnozė; stigma ir dvasiniai išpuoliai dėl sielos susiskaldymo ar prakeiksmų.

Paslėptos dvasinės šaknys

- **Savęs neapykanta arba gėda** – jausmas, kad esi „nepakankamai geras".
- **Neatleidimas sau ar kitiems** – imuninė sistema imituoja dvasinę būseną.
- **Neapdorotas sielvartas ar išdavystė** atveria duris sielos nuovargiui ir fiziniam išsekimui.
- **Raganavimo kančios arba pavydo strėlės** – naudojamos dvasinėms ir fizinėms jėgoms išsekinti.

Tikros istorijos – mūšiai tamsoje
Elena iš Ispanijos.

Po ilgų, emociškai palaužtų, smurtinių santykių Elenai buvo diagnozuota vilkligė. Terapijos ir maldos metu paaiškėjo, kad ji buvo užsispyrusi ir įsitikinusi, jog yra bevertė. Kai ji pradėjo sau atleisti ir susidurti su sielos žaizdomis remdamasi Šventuoju Raštu, jos paūmėjimai smarkiai sumažėjo. Ji liudija apie gydomąją Žodžio ir sielos apvalymo galią.

Džeimsas iš JAV

Džeimsas, ryžtingas įmonės vadovas, po 20 metų nuolatinio streso mirė nuo CFS. Išsivadavimo metu paaiškėjo, kad jo šeimos vyrus kamavo kartų prakeiksmas – kova be poilsio. Jis pradėjo šabo, maldos ir išpažinties laikotarpį ir atgavo ne tik sveikatą, bet ir tapatybę.

Veiksmų planas – sielos ir imuninės sistemos gydymas

1. **melskitės pagal Psalmių 103:1–5** eilutes, ypač 3–5 eilutes.
2. **Išvardinkite savo vidinius įsitikinimus** – ką sakote sau? Sulaužykite melą.
3. **Atleiskite nuoširdžiai** – ypač sau pačiam.
4. **Priimkite komuniją**, kad atkurtumėte kūno sandorą – žr. Izaijo 53.
5. **Ilsėkis Dieve** – šabas nėra pasirenkamas, tai dvasinė kova su perdegimu.

Aš pareiškiu, kad mano kūnas nėra mano priešas. Kiekviena mano ląstelė susiderins su dieviška tvarka ir ramybe. Aš gaunu Dievo stiprybę ir gydymą.
Grupės paraiška

- Paprašykite narių pasidalyti nuovargio modeliais ar emociniu išsekimu, kuriuos jie slepia.
- Atlikite „sielos iškrovimo" pratimą – užsirašykite naštą, tada simboliškai ją sudeginkite arba užkaskite.
- Uždėkite rankas ant tų, kurie kenčia nuo autoimuninių simptomų; vadovaukite pusiausvyrai ir ramybei.
- Skatinkite 7 dienas rašyti dienoraštyje apie emocinius dirgiklius ir gydančias Šventojo Rašto ištraukas.

Tarnystės įrankiai:

- Eteriniai aliejai arba kvapnusis patepimas atgaivai
- Žurnalai arba užrašų knygelės
- 23 psalmės meditacijos garso takelis

Pagrindinė įžvalga
Tai, kas puola sielą, dažnai pasireiškia kūne. Gijimas turi plaukti iš vidaus.

Apmąstymų žurnalas

- Ar jaučiuosi saugus savo kūne ir mintyse?
- Ar jaučiu gėdą ar kaltę dėl praeities nesėkmių ar traumų?
- Ką galiu padaryti, kad pradėčiau gerbti poilsį ir ramybę kaip dvasines praktikas?

Atstatymo malda
Viešpatie Jėzau, Tu esi mano Gydytojas. Šiandien atmetu kiekvieną melą, kad esu palaužtas, purvinas ar pasmerktas. Atleidžiu sau ir kitiems. Laiminu kiekvieną savo kūno ląstelę. Gaunu ramybę savo sieloje ir harmoniją savo imuninėje sistemoje. Tavo žaizdomis esu išgydytas. Amen.

12 DIENA: EPILEPSIJA IR PSICHINĖS KANKOS – KAI PROTAS TAMPA MŪŠIO LAUKU

„*Viešpatie, pasigailėk mano sūnaus, nes jis lunatiškas ir labai kankinasi, nes dažnai įkrenta į ugnį ir dažnai į vandenį.*" – Mato 17:15.

„*Dievas davė mums ne baimės dvasią, bet galybės, meilės ir sveiko proto dvasią.*" – 2 Timotiejui 1:7.

Kai kurie negalavimai nėra vien medicininiai – tai dvasiniai mūšio laukai, prisidengiantys ligomis.

Epilepsija, traukuliai, šizofrenija, bipolinio sutrikimo epizodai ir kankinimų modeliai prote dažnai turi nematomas šaknis. Nors vaistai turi savo vietą, įžvalgumas yra labai svarbus. Daugelyje Biblijos pasakojimų traukuliai ir psichiniai priepuoliai buvo demonų priespaudos rezultatas.

Šiuolaikinė visuomenė gydo tai, ką Jėzus dažnai *atstūmė*.

Pasaulinė realybė

- **Afrika** – priepuoliai dažnai siejami su prakeiksmais arba protėvių dvasiomis.
- **Azija** – Epileptikai dažnai slepiami dėl gėdos ir dvasinės stigmos.
- **Lotynų Amerika** – šizofrenija, susijusi su kartų raganavimu arba nutrauktais pašaukimais.
- **Europa ir Šiaurės Amerika** – Per dažna diagnozė ir per didelis vaistų vartojimas dažnai maskuoja demoniškas priežastis.

Tikros istorijos – Išgelbėjimas ugnyje
Musa iš Šiaurės Nigerijos

Musa nuo vaikystės sirgo epilepsijos priepuoliais. Jo šeima išbandė viską – nuo vietinių gydytojų iki maldų bažnyčioje. Vieną dieną, per išlaisvinimo pamaldas, Dvasia apreiškė, kad Musos senelis jį paaukojo raganavimo mainuose. Sulaužęs sandorą ir jį patepęs, jis daugiau niekada nepatyrė priepuolio.

Danielis iš Peru

Danieliui diagnozuotas bipolinis sutrikimas, jį kamavo smurtiniai sapnai ir balsai. Vėliau jis sužinojo, kad jo tėvas dalyvavo slaptuose šėtoniškuose ritualuose kalnuose. Išlaisvinimo maldos ir trijų dienų pasninkas atnešė aiškumo. Balsai nutilo. Šiandien Danielis yra ramus, atsigavęs ir ruošiasi tarnystei.

Ženklai, į kuriuos reikia atkreipti dėmesį

- Pasikartojantys traukulių epizodai be žinomos neurologinės priežasties.
- Balsai, haliucinacijos, smurtinės ar savižudiškos mintys.
- Laiko ar atminties praradimas, nepaaiškinama baimė arba fiziniai priepuoliai maldos metu.
- Šeimos beprotybės ar savižudybės modeliai.

Veiksmų planas – proto valdymo perėmimas

1. Atgailaukite dėl visų žinomų okultinių ryšių, traumų ar prakeiksmų.
2. Kasdien uždėkite rankas ant galvos, liudydami apie sveiką protą (2 Timotiejui 1:7).
3. Pasninkaukite ir melskitės už protą pažeidžiančias dvasias.
4. Sulaužykite protėvių priesaikas, pasišventimus ar kraujo linijos prakeiksmus.
5. Jei įmanoma, prisijunkite prie stipraus maldos partnerio arba išlaisvinimo komandos.

Aš atmetu kiekvieną kankinimo, priepuolio ir sumišimo dvasią. Jėzaus vardu gaunu sveiką protą ir stabilias emocijas!

Grupės tarnystė ir paraiška

- Nustatykite psichinių ligų ar traukulių šeimos modelius.
- Melskitės už kenčiančius – patepkite kaktą patepimo aliejumi.
- Tegul užtarėjai vaikščioja po kambarį ir skelbia: „Nutilk, nutilk!" (Mk 4, 39)
- Pakvieskite paveiktuosius sulaužyti žodinius susitarimus: „Aš nesu išprotėjęs. Esu išgijęs ir sveikas."

Tarnystės įrankiai:

- Patepimo aliejus
- Gydymo deklaracijos kortelės
- Garbinimo muzika, kuri tarnauja taikai ir tapatybei

Pagrindinė įžvalga

Ne kiekvienas sielvartas yra tik fizinis. Kai kurie jų kyla iš senovės sandorų ir demoniškų teisinių pagrindų, kuriuos reikia spręsti dvasiškai.

Apmąstymų žurnalas

- Ar kada nors mane kankino mintys ar miegas?
- Ar yra neišgydytų traumų ar dvasinių durų, kurias man reikia uždaryti?
- Kokią tiesą galiu skelbti kasdien, kad įtvirtinčiau savo mintis Dievo Žodyje?

Sveikumo malda

Viešpatie Jėzau, Tu esi mano proto Atkūrėjas. Aš atsižadu kiekvienos sandoros, traumos ar demoniškos dvasios, puolančios mano smegenis, emocijas ir aiškumą. Aš gaunu išgijimą ir sveiką protą. Aš nusprendžiu, kad gyvensiu, o ne mirsiu. Aš veiksiu visu pajėgumu, Jėzaus vardu. Amen.

13 DIENA: BAIMĖS DVASIA – NEMATOMO KANČIO NARVO SULAUKIMAS

„*Nes Dievas davė mums ne baimės dvasią, bet galybės, meilės ir sveiko proto dvasią.*" – 2 Timotiejui 1:7

„*Baimė kankina...*" – 1 Jono 4:18

Baimė yra ne tik emocija – ji gali būti ir *dvasia*.

Ji šnabžda apie nesėkmę dar prieš pradedant. Ji sustiprina atmetimą. Ji paralyžiuoja tikslą. Ji paralyžiuoja tautas.

Daugelis yra nematomuose kalėjimuose, kuriuos pastatė baimė: mirties, nesėkmės, skurdo, žmonių, ligų, dvasinės kovos ir nežinomybės baimė.

Už daugelio panikos priepuolių, panikos sutrikimų ir iracionalių fobijų slypi dvasinė užduotis, skirta **neutralizuoti likimus**.

Pasaulinės manifestacijos

- **Afrika** – baimė, kylanti iš kartų prakeiksmų, protėvių keršto ar raganavimo neigiamos reakcijos.
- **Azija** – kultūrinė gėda, karminė baimė, reinkarnacijos nerimas.
- **Lotynų Amerika** – Baimė dėl prakeiksmų, kaimo legendų ir dvasinio keršto.
- **Europa ir Šiaurės Amerika** – paslėptas nerimas, diagnozuoti sutrikimai, konfrontacijos, sėkmės ar atstūmimo baimė – dažnai dvasinis, bet įvardijamas kaip psichologinis.

Tikros istorijos – dvasios demaskavimas

Sara iš Kanados

Metų metus Sara negalėjo miegoti tamsoje. Ji nuolat jautė kažkokį buvimą kambaryje. Gydytojai tai diagnozavo kaip nerimą, tačiau joks gydymas nepadėjo. Internetinės išlaisvinimo sesijos metu paaiškėjo, kad vaikystės baimė per košmarą ir siaubo filmą atvėrė duris kankinančiai dvasiai. Ji atgailavo, atsižadėjo baimės ir įsakė jai pasitraukti. Dabar ji miega ramiai.

Uche iš Nigerijos

Učė buvo pašauktas pamokslauti, bet kaskart, kai stovėdavo prieš žmones, sustingdavo. Baimė buvo nenatūrali – dusinanti, paralyžiuojanti. Maldoje Dievas parodė jam žodį „prakeiksmas", kurį ištarė mokytojas, vaikystėje šaipęsis iš jo balso. Tas žodis suformavo dvasinę grandinę. Jai nutrūkus, jis pradėjo drąsiai pamokslauti.

Veiksmų planas – baimės įveikimas

1. **Išpažinkite bet kokią baimę vardu** : „Aš atsižadu [_____] baimės Jėzaus vardu."
2. **Kasdien garsiai skaitykite 27 psalmę ir Izaijo 41.**
3. **Garbinkite, kol paniką pakeis ramybė.**
4. **Pasninkaukite nuo baime paremtos žiniasklaidos – siaubo filmų, naujienų, paskalų.**
5. **Kasdien skelbkite** : „Aš turiu sveiką protą. Nesu baimės vergas."

Grupinė paraiška – bendruomenės proveržis

- Paklauskite grupės narių: kokia baimė jus labiausiai paralyžiavo?
- **atsisakymo** ir **pakeitimo** maldas (pvz., baimė → drąsa, nerimas → pasitikėjimas savimi).
- Tegul kiekvienas žmogus užsirašo vieną baimę ir sudegina ją kaip pranašišką veiksmą.
- Naudokite *patepimo aliejų* ir *išpažintis iš Šventojo Rašto* vienu metu.

Tarnystės įrankiai:

- Patepimo aliejus
- Šventojo Rašto pareiškimų kortelės
- Garbinimo giesmė: Bethel „Nebėra vergų"

Pagrindinė įžvalga

Toleruojama baimė yra **užterštas tikėjimas**.
Negalite būti drąsūs ir bijantys tuo pačiu metu – rinkitės drąsą.

Apmąstymų žurnalas

- Kokia baimė mane lydi nuo vaikystės?
- Kaip baimė paveikė mano sprendimus, sveikatą ar santykius?
- Ką daryčiau kitaip, jei būčiau visiškai laisvas?

Išsivadavimo iš baimės malda

Tėve , aš atsižadu baimės dvasios. Uždarau kiekvienas duris per traumas, žodžius ar nuodėmę, kurios leido baimei patekti. Gaunu galios, meilės ir sveiko proto Dvasią. Skelbiu drąsą, ramybę ir pergalę Jėzaus vardu. Baimė nebėra mano gyvenime. Amen.

14 DIENA: ŠĖTONIŠKI ŽYMĖS – NETŠVENTO ANTŽEMIO IŠTRYNIMAS

„*Nuo šiol tegul niekas manęs nevargina, nes savo kūne nešioju Viešpaties Jėzaus žymes.*" – Galatams 6:17.

„*Jie dės mano vardą ant Izraelio vaikų, ir aš juos laiminsiu.*" – Skaičių 6:27.

Daugelį likimų dvasinėje sferoje tyliai *žymi* ne Dievas, o priešas.

Šie šėtoniški ženklai gali pasireikšti keistų kūno ženklų, tatuiruočių ar ženklinimo sapnų, trauminio smurto, kraujo ritualų ar paveldėtų altorių pavidalu. Kai kurie iš jų yra nematomi – pastebimi tik dvasiniu jautrumu, o kiti pasireiškia kaip fiziniai ženklai, demoniškos tatuiruotės, dvasinis ženklinimas arba nuolatiniai negalavimai.

Kai žmogų paženklina priešas, jis gali patirti:

- Nuolatinis atmetimas ir neapykanta be priežasties.
- Pasikartojantys dvasiniai išpuoliai ir blokados.
- Priešlaikinė mirtis arba sveikatos krizės tam tikrame amžiuje.
- Būti sekamam dvasioje – visada matomam tamsoje.

Šie ženklai veikia kaip *teisinės etiketės*, suteikiančios tamsiosioms dvasioms leidimą kankinti, vilkinti ar stebėti.

Bet Jėzaus kraujas **apvalo** ir **perkeis**.

Globalios išraiškos

- **Afrika** – genčių žymės, ritualiniai įpjovimai, okultinės iniciacijos randai.
- **Azija** – dvasiniai antspaudai, protėvių simboliai, karminiai ženklai.
- **Lotynų Amerika** – Brujerijos (raganavimo) iniciacijos ženklai, gimimo ženklai, naudojami ritualuose.

- **Europa** – masonų emblemos, tatuiruotės, iškviečiančios dvasinius vadovus.
- **Šiaurės Amerika** – Naujojo amžiaus simboliai, ritualinio išnaudojimo tatuiruotės, demonų žymėjimas per okultines sandoras.

Tikros istorijos – prekės ženklo keitimo galia
Davidas iš Ugandos

Deividas nuolat susidurdavo su atstūmimu. Niekas negalėjo paaiškinti, kodėl, nepaisant jo talento. Melsdamasis pranašas ant savo kaktos pamatė „dvasinį X" – žymę iš vaikystės ritualo, kurį atlikdavo kaimo kunigas. Išlaisvinimo metu žymė buvo dvasiškai ištrinta patepimo aliejumi ir Jėzaus kraujo išpažinimais. Jo gyvenimas pasikeitė per kelias savaites – jis vedė, gavo darbą ir tapo jaunimo lyderiu.

Sandra iš Brazilijos

Sandra turėjo drakono tatuiruotę iš paauglystės maišto. Atdavusi savo gyvenimą Kristui, ji pastebėdavo intensyvius dvasinius priepuolius kaskart, kai pasninkavo ar melsdavosi. Jos pastorius įtarė, kad tatuiruotė yra demoniškas simbolis, susijęs su dvasių stebėjimu. Po atgailos, maldos ir vidinio gijimo seanso ji pašalino tatuiruotę ir nutraukė sielos ryšį. Jos košmarai akimirksniu liovėsi.

Veiksmų planas – ištrinti žymę

1. **Paprašykite Šventosios Dvasios** atskleisti bet kokius dvasinius ar fizinius ženklus jūsų gyvenime.
2. **Atgailaukite** už bet kokį asmeninį ar paveldėtą dalyvavimą ritualuose, kurie jiems leido.
3. **Patepkite Jėzaus krauju** savo kūną – kaktą, rankas, kojas.
4. su ženklais susietas **stebinčias dvasias, sielos ryšius ir teisines teises** (žr. toliau pateiktas Rašto eilutes).
5. **Pašalinkite fizines tatuiruotes ar daiktus** (kaip parodyta), susijusius su tamsiosiomis sandoromis.

Grupės paraiška – Perkūrimas Kristuje

- Paklauskite grupės narių: Ar kada nors turėjote žymę ar svajojote būti

paženklinti?
- **apvalymo ir iš naujo pasišventimo** Kristui maldai.
- Patepkite kaktas aliejumi ir pareikškite: *„Dabar jūs nešiojate Viešpaties Jėzaus Kristaus ženklą."*
- Nutraukite stebinčias dvasias ir atkurkite jų tapatybę Kristuje.

Tarnystės įrankiai:

- Alyvuogių aliejus (šventintas patepimui)
- Veidrodis arba baltas audinys (simbolinis plovimo veiksmas)
- Komunija (užantspauduoja naują tapatybę

Pagrindinė įžvalga
Kas pažymėta dvasioje, tas **matoma dvasioje** – pašalinkite tai, kuo priešas jus paženklino.

Apmąstymų žurnalas

- Ar kada nors mačiau ant savo kūno keistus žymes, mėlynes ar simbolius be paaiškinimo?
- Ar yra daiktų, auskarų ar tatuiruočių, kurių turiu atsisakyti arba pašalinti?
- Ar aš visiškai iš naujo pašventinau savo kūną kaip Šventosios Dvasios šventyklą?

Perkūrimo malda
Viešpatie Jėzau, aš atsižadu kiekvieno ženklo, sandoros ir pasišventimo, sudaryto mano kūne ar dvasioje ne dėl Tavo valios. Tavo krauju ištrinu kiekvieną šėtonišką ženklą. Skelbiu, kad esu pažymėtas tik Kristui. Tegul Tavo nuosavybės antspaudas būna ant manęs ir tegul kiekviena stebinti dvasia mane pameta. Aš nebesu matomas tamsai. Aš vaikštau laisvas – Jėzaus vardu, Amen.

15 DIENA: VEIDRODŽIŲ KARALYSTĖ – PABĖGIMAS IŠ ATSPINDŽIŲ KALĖJIMO

> *Dabar mes matome lyg per stiklą, miglotai, o paskui – veidas į veidą..."* – 1 Korintiečiams 13:12
> *„Jie turi akis, bet nemato, ausis, bet negirdi..."* – Psalmyno 115:5–6

egzistuoja **veidrodžių karalystė** – *netikrų tapatybių , dvasinių manipuliacijų ir tamsių atspindžių* vieta . Tai, ką daugelis mato sapnuose ar vizijose, gali būti ne Dievo veidrodžiai, o apgaulės įrankiai iš tamsiosios karalystės.

Okultizme veidrodžiai naudojami **sieloms įkalinti**, **gyvenimams stebėti** arba **asmenybėms perkelti** . Kai kurių išlaisvinimo seansų metu žmonės teigia matantys save „gyvenančius" kitoje vietoje – veidrodyje, ekrane arba už dvasinio šydo. Tai ne haliucinacijos. Tai dažnai šėtoniški kalėjimai, skirti:

- Fragmentuoti sielą
- Atidėkite likimą
- Supainioti tapatybę
- Priimkite alternatyvias dvasines laiko juostas

Tikslas? Sukurti *netikrą savęs versiją* , kuri gyventų demonų kontroliuojama, o tikrasis jūsų „aš" gyventų sumaištyje ar pralaimėjime.

Globalios išraiškos

- **Afrika** – veidrodinė raganavimas, kurį burtininkai naudoja stebėjimui, spąstams gaudyti ar pulti.
- **Azija** – šamanai naudoja dubenis su vandeniu arba nupoliruotus akmenis, kad „matytų" ir iškviestų dvasias.
- **Europa** – juodojo veidrodžio ritualai, nekromantija per atspindžius.

- **Lotynų Amerika** – žvalgymasis pro obsidiano veidrodžius actekų tradicijose.
- **Šiaurės Amerika** – Naujojo amžiaus veidrodžių portalai, žvilgsnis į veidrodį astralinėms kelionėms.

Liudijimas – „Mergina veidrodyje"
Marija iš Filipinų

Marija sapnavo, kad yra įstrigusi kambaryje, pilname veidrodžių. Kiekvieną kartą, kai ji darydavo pažangą gyvenime, ji veidrodyje matydavo savo versiją, tempiančią ją atgal. Vieną naktį, per išlaisvinimo ceremoniją, ji sušuko ir papasakojo, kaip matė save „išeinančią iš veidrodžio" į laisvę. Jos pastorius patepė jai akis ir padėjo jai atsisakyti veidrodžio manipuliavimo. Nuo tada jos proto aiškumas, verslas ir šeimos gyvenimas pasikeitė.

Deividas iš Škotijos

, kadaise giliai pasinėręs į „naujojo amžiaus" meditaciją, praktikavo „veidrodžio šešėlių darbą". Laikui bėgant, jis pradėjo girdėti balsus ir matyti save darant tai, ko niekada neketino. Priėmęs Kristų, išlaisvinimo tarnas nutraukė veidrodžio sielos ryšius ir pasimeldė už jo protą. Deividas pranešė, kad pirmą kartą per daugelį metų jautėsi tarsi „rūkas išsisklaidė".

Veiksmų planas – sulaužyti veidrodžio burtą

1. **Atsisakykite** bet kokio žinomo ar nežinomo ryšio su dvasiškai naudojamais veidrodžiais.
2. **uždenkite visus savo namų veidrodžius** audiniu.
3. **Patepk akis ir kaktą** – pareiški, kad dabar matai tik tai, ką mato Dievas.
4. Savo tapatybę Kristuje skelbkite **remdamiesi Šventuoju Raštu , o ne klaidingais apmąstymais:**
   - *Izaijo 43:1*
   - *2 Korintiečiams 5:17*
   - *Jono 8:36*

GRUPĖS PARAIŠKA – TAPATYBĖS atkūrimas

- Paklauskite: Ar kada nors sapnavote veidrodžius, antrininkes ar jus stebite?
- Vadovaukite tapatybės atkūrimo maldai – skelbkite laisvę nuo klaidingų savęs versijų.
- Uždėkite rankas ant akių (simboliškai arba maldoje) ir melskitės už aiškų regėjimą.
- Grupėje, naudodamiesi veidrodžiu, pranašiškai pareikškite: *„Aš esu tas, kuo Dievas mane vadina. Nieko daugiau."*

Tarnystės įrankiai:

- Baltas audinys (dengia simbolius)
- Alyvuogių aliejus patepimui
- Pranašiško veidrodžio deklaracijos vadovas

Pagrindinė įžvalga

Priešas mėgsta iškreipti jūsų savęs suvokimą – nes jūsų tapatybė yra jūsų prieigos prie likimo taškas.

Apmąstymų žurnalas

- Ar aš patikėjau melu apie tai, kas esu?
- Ar kada nors dalyvavau veidrodžio ritualuose arba nesąmoningai leidau veidrodžio raganavimui?
- Ką Dievas sako apie tai, kas aš esu?

Laisvės malda iš veidrodžio karalystės

Dangiškasis Tėve , aš sulaužau kiekvieną sandorą su veidrodžių pasauliu – kiekvieną tamsų atspindį, dvasinį antrininką ir netikrą laiko juostą. Aš atsižadu visų netikrų tapatybių. Aš pareiškiu, kad esu tas, kuo Tu mane sakai. Jėzaus krauju aš žengiu iš atspindžių kalėjimo ir įžengiu į savo tikslo pilnatvę. Nuo šiandien matau Dvasios akimis – tiesoje ir aiškiai. Jėzaus vardu, Amen.

16 DIENA: ŽODŽIŲ PRAKEIKIMŲ PANELIŲ NUTRAUKIMAS – SAVO VARDO IR SAVO ATEITIES ATGAVIMAS

„*Mirtis ir gyvenimas liežuvio galioje...*" – Patarlių 18:21.
„*Joks ginklas, nukaltas prieš tave, nebus sėkmingas, ir kiekvieną liežuvį, kuris pakils prieš tave teisti, tu pasmerksi...*" – Izaijo 54:17.

Žodžiai yra ne tik garsai – jie yra **dvasinės talpyklos**, turinčios galią laiminti arba surišti. Daugelis žmonių nesąmoningai klaidžioja po **prakeiksmų našta, kurią** jiems sako tėvai, mokytojai, dvasiniai lyderiai, buvę mylimieji ar net jų pačių lūpos.

Kai kurie jau yra girdėję šiuos dalykus:

- „Tu niekada nieko nepasieksi."
- „Tu lygiai toks pat kaip tavo tėvas – niekam tikęs."
- „Viskas, prie ko prieini, nepavyksta."
- „Jei aš negaliu tavęs turėti, niekas neturės."
- „Tu prakeiktas... stebėk ir pamatysi."

Tokie žodžiai, ištarti apimti pykčio, neapykantos ar baimės – ypač valdžios atstovų – gali tapti dvasiniais spąstais. Netgi savaime ištarti keiksmai, tokie kaip „*Norėčiau, kad nebūčiau gimęs*" arba „*Niekada nevesiu*", gali suteikti priešui teisinį pagrindą.

Globalios išraiškos

- **Afrika** – genčių prakeiksmai, tėvų prakeiksmai dėl maišto, turgaus prakeiksmai.
- **Azija** – karma paremti žodžių pareiškimai, protėvių įžadai, ištarti vaikams.

- **Lotynų Amerika** – Brujerijos (raganystės) prakeiksmai, aktyvuojami ištartu žodžiu.
- **Europa** – ištarti prakeiksmai, išsipildančios šeimos „pranašystės".
- **Šiaurės Amerika** – žodinis įžeidinėjimas, okultinės giesmės, savęs neapykantos afirmacijos.

Ar šnabždėtum, ar šauktum, emocijomis ir įsitikinimu ištarti keiksmai turi svorio dvasioje.

Liudijimas – „Kai mano mama kalbėjo apie mirtį"
Keisha (Jamaika)

Keisha užaugo girdėdama mamą sakant: *„Tu esi priežastis, kodėl mano gyvenimas sugriautas."* Kiekvieną gimtadienį nutikdavo kažkas blogo. Būdama 21-erių, ji bandė nusižudyti, įsitikinusi, kad jos gyvenimas bevertis. Išlaisvinimo pamaldų metu dvasininkas paklausė: *„Kas kalbėjo apie tavo gyvenimą mirtį?"* Ji palūžo. Atsisakiusi šių žodžių ir paleidusi atleidimą, ji pagaliau patyrė džiaugsmą. Dabar ji moko jaunas mergaites, kaip kalbėti apie gyvenimą savimi.

Andrejus (Rumunija)

Andrejaus mokytojas kartą pasakė: *„Atsidursi kalėjime arba mirsi iki 25 metų."* Šie žodžiai jį persekiojo. Jis įniršo ir, būdamas 24 metų, buvo suimtas. Kalėjime jis sutiko Kristų ir suprato prakeiksmą, su kuriuo sutiko. Jis parašė mokytojui atleidimo laišką, suplėšė kiekvieną apie jį pasakytą melą ir pradėjo skelbti Dievo pažadus. Dabar jis vadovauja kalėjimo evangelizacijos tarnybai.

Veiksmų planas – panaikinti prakeiksmą

1. Užsirašykite neigiamus teiginius, kuriuos pasakėte aplink jus – kitų ar savęs.
2. Maldoje **atsisakykite kiekvieno žodžio „keiksmas"** (ištarkite jį garsiai).
3. **Atleiskite** tam, kuris tai pasakė.
4. **Kalbėkite Dievo tiesą** apie save, kad prakeikimą pakeistumėte palaiminimu:
   - *Jeremijo 29:11*
   - *Pakartoto Įstatymo 28:13*
   - *Romiečiams 8:37*
   - *Psalmė 139:14*

Grupinė paraiška – žodžių galia

- Paklauskite: kokie teiginiai suformavo jūsų tapatybę – gerą ar blogą?
- Grupėse garsiai (su jautrumu) nutraukite prakeiksmus ir pakeiskite juos palaiminimais.
- Naudokite Raštų korteles – kiekvienas asmuo garsiai perskaito 3 tiesas apie savo tapatybę.
- Paraginkite narius pradėti 7 dienų *Palaiminimo dekretą* sau.

Tarnystės įrankiai:

- Kortelės su Šventojo Rašto identifikacija
- Alyvuogių aliejus burnoms patepti (pašventinanti kalba)
- Veidrodiniai pareiškimai – kasdien kalbėkite tiesą per savo atspindį

Pagrindinė įžvalga

Jei prakeiksmas buvo ištartas, jį galima sulaužyti – ir jo vietoje ištarti naują gyvenimo žodį.

Apmąstymų žurnalas

- Kieno žodžiai suformavo mano tapatybę?
- Ar keikiau save iš baimės, pykčio ar gėdos?
- Ką Dievas sako apie mano ateitį?

Malda žodžių prakeiksmams laužyti

Viešpatie Jėzau, aš atsižadu kiekvieno prakeiksmo, ištarto mano gyvenime – šeimos, draugų, mokytojų, mylimųjų ir net manęs paties. Atleidžiu kiekvienam balsui, kuris skelbia nesėkmę, atstūmimą ar mirtį. Dabar aš sulaužau tų žodžių galią Jėzaus vardu. Aš skelbiu palaiminimą, palankumą ir likimą savo gyvenimui. Esu tas, kuo Tu mane sakai – mylimas, išrinktas, išgydytas ir laisvas. Jėzaus vardu. Amen.

17 DIENA: IŠSIVADAVIMAS IŠ KONTROLĖS IR MANIPULIACIJŲ

„Raganavimas ne visada yra apsiaustai ir katilai – kartais tai žodžiai, emocijos ir nematomi pavadėliai."

„Nes maištas yra kaip raganavimo nuodėmė, o užsispyrimas – kaip nedorybė ir stabmeldystė."
– *1 Samuelio 15:23*

Raganavimas pasitaiko ne tik šventyklose. Jis dažnai pasireiškia šypsena ir manipuliuoja kaltės jausmu, grasinimais, meiliavimu ar baime. Biblija maištą – ypač maištą, kurio metu bedieviškai kontroliuojami kiti – prilygina raganavimui. Kai tik naudojame emocinį, psichologinį ar dvasinį spaudimą, kad pavergtume kito valią, einame pavojinga teritorija.

Pasaulinės manifestacijos

- **Afrika** – motinos, įniršusios keikia vaikus, įsimylėjėliai riša kitus „juju" arba meilės eliksyrais, dvasiniai lyderiai baugina pasekėjus.
- **Azija** – Guru kontrolė mokiniams, tėvų šantažas sutartinėse santuokose, manipuliacijos energetiniais laidais.
- **Europa** – masonų priesaikos, kontroliuojančios kartų elgesį, religinę kaltę ir dominavimą.
- **Lotynų Amerika** – Brujería (raganystė) buvo naudojama partneriams išlaikyti, emocinis šantažas, įsišaknijęs šeimos prakeiksmuose.
- **Šiaurės Amerika** – narciziškas auklėjimas, manipuliuojantis vadovavimas, pridengtas „dvasine priedanga", baime grįsta pranašystė.

Raganavimo balsas dažnai šnabžda: *„Jei to nepadarysi, prarasi mane, prarasi Dievo palankumą arba kentėsi."*

Tačiau tikra meilė niekada nemanipuliuoja. Dievo balsas visada atneša ramybę, aiškumą ir pasirinkimo laisvę.

Tikra istorija – nutraukus nematomą pavadėlį

Grace iš Kanados buvo giliai įsitraukusi į pranašišką tarnystę, kur vadovas pradėjo diktuoti, su kuo ji gali susitikinėti, kur ji gali gyventi ir net kaip melstis. Iš pradžių tai atrodė dvasinga, bet laikui bėgant ji jautėsi kaip jo nuomonės kalinė. Kai tik ji bandydavo priimti savarankišką sprendimą, jai būdavo sakoma, kad ji „maištauja prieš Dievą". Po nesėkmės ir perskaičiusi „ *Didieji išnaudojimai" 14 skyrių* , ji suprato, kad tai charizmatiška raganystė – kontrolė, maskuojama kaip pranašystė.

Grace atsisakė sielos ryšio su savo dvasiniu lyderiu, atgailavo už savo pačios sutikimą su manipuliacijomis ir prisijungė prie vietinės bendruomenės, kad išgytų. Šiandien ji yra visavertė ir padeda kitiems išbristi iš religinės prievartos.

Veiksmų planas – Raganavimo atpažinimas santykiuose

1. Paklauskite savęs: *ar jaučiuosi laisvai šalia šio žmogaus, ar bijau jį nuvilti?*
2. Išvardykite santykius, kuriuose kaltės jausmas, grasinimai ar meilikavimas naudojami kaip kontrolės įrankiai.
3. Atsisakykite bet kokių emocinių, dvasinių ar sielinių ryšių, kurie verčia jus jaustis dominuojamais ar be balso.
4. Garsiai melskitės, kad nutrauktumėte kiekvieną manipuliacinį pavadį savo gyvenime.

Šventojo Rašto įrankiai

- **1 Samuelio 15:23** – Maištas ir raganavimas
- **Galatams 5:1** – „Tvirtai stovėkite... nebūkite vėl apkraunami vergijos jungu."
- **2 Korintiečiams 3:17** – „Kur Viešpaties Dvasia, ten ir laisvė."
- **Michėjo 3:5–7** – Netikri pranašai, naudojantys bauginimus ir kyšininkavimą

Grupinė diskusija ir paraiška

- Papasakokite (jei reikia, anonimiškai) apie atvejį, kai jautėtės dvasiškai ar emociškai manipuliuojami.
- Vaidmenimis suvaidinkite „tiesos sakymo" maldą – atsisakykite kontrolės kitiems ir susigrąžinkite savo valią.
- Tegul nariai rašo laiškus (tikrus ar simbolinius), kuriais nutraukiami ryšiai su kontroliuojančiais asmenimis ir skelbiama laisvė Kristuje.

Tarnystės įrankiai:

- Suporuokite pristatymo partnerius.
- Naudokite patepimo aliejų, kad paskelbtumėte laisvę nuo proto ir valios.
- Naudokite komuniją sandorai su Kristumi atkurti kaip *vienintelę tikrąją priedangą*.

Pagrindinė įžvalga
Kur gyvena manipuliacijos, klesti raganavimas. Bet kur Dievo Dvasia, ten laisvė.

Apmąstymų žurnalas

- Kam ar kam leidau valdyti savo balsą, valią ar kryptį?
- Ar kada nors naudojau baimę ar meilikavimą, kad pasiekčiau savo?
- Kokius žingsnius šiandien žengsiu, kad vaikščiočiau Kristaus laisvėje?

Išvadavimo malda
Dangiškasis Tėve, aš atsisakau bet kokios emocinės, dvasinės ir psichologinės manipuliacijos, veikiančios manyje ar aplink mane. Nutraukiu kiekvieną sielos ryšį, įsišaknijusį baimėje, kaltėje ir kontrolėje. Išsilaisvinu iš maišto, dominavimo ir bauginimų. Skelbiu, kad mane veda tik Tavo Dvasia. Gaunu malonę vaikščioti meilėje, tiesoje ir laisvėje. Jėzaus vardu. Amen.

18 DIENA: NEATLAIDAVIMO IR KARTĖLIO GALIOS SULAUKIMAS

"Neatleidimas yra tas pats, kas gerti nuodus ir tikėtis, kad kitas žmogus mirs."
„Žiūrėkite... kad neišdygtų karta šaknis, kuri pridarytų bėdų ir daugelį suterštų."
– Hebrajams 12:15

Kartėlis yra tylus naikintojas. Jis gali prasidėti nuo skausmo – išdavystės, melo, netekties – bet kai nekontroliuojamas, jis pūliuoja į neatleidimą ir galiausiai į šaknį, kuri viską nuodija.

Neatlaidumas atveria duris kankinančioms dvasioms (Mato 18:34). Jis užtemdo įžvalgumą, trukdo išgijimui, užgniaužia maldas ir blokuoja Dievo galios tekėjimą.

Išlaisvinimas – tai ne tik demonų išvarymas, bet ir to, ką laikėte savyje, paleidimas.

PASAULINĖS KARTĖLIO išraiškos

- **Afrika** – iš kartos į kartą perduodami genčių karai, politinis smurtas ir šeimos išdavystės.
- **Azija** – Tėvų ir vaikų negarbė, žaizdos dėl kastų, religinės išdavystės.
- **Europa** – kartų tyla dėl prievartos, kartėlis dėl skyrybų ar neištikimybės.
- **Lotynų Amerika** – žaizdos, padarytos korumpuotų institucijų, šeimos atstūmimo, dvasinio manipuliavimo.
- **Šiaurės Amerika** – bažnyčios įskaudinimas, rasinė trauma, tėvų nebuvimas, neteisybė darbo vietoje.

Kartėlis ne visada šaukia. Kartais jis šnabžda: „Niekada nepamiršiu, ką jie padarė."

Bet Dievas sako: *Paleisk tai – ne todėl, kad jie to nusipelnė, bet todėl, kad **tu** nusipelnei.*

Tikra istorija – moteris, kuri neatleido

Marijai iš Brazilijos buvo 45-eri, kai ji pirmą kartą atvyko ieškoti išlaisvinimo. Kiekvieną naktį ji sapnuodavo, kad yra pasmaugiama. Ji sirgo opalige, aukštu kraujospūdžiu ir depresija. Seanso metu paaiškėjo, kad ji puoselėjo neapykantą savo tėvui, kuris ją vaikystėje skriaudė ir vėliau paliko šeimą.

Ji tapo krikščione, bet niekada jam neatleido.

Jai verkiant ir atiduodant jį Dievo akivaizdoje, jos kūnas susmuko – kažkas lūžo. Tą naktį ji pirmą kartą per 20 metų ramiai miegojo. Po dviejų mėnesių jos sveikata ėmė smarkiai gerėti. Dabar ji dalijasi savo, kaip moterų gydymo trenerės, istorija.

Veiksmų planas – išrauti karčiąją šaknį

1. **Įvardink** – užsirašyk tų, kurie tave įskaudino, vardus – net save patį ar Dievą (jei slapta ant Jo pykai).
2. **Paleiskite** – garsiai pasakykite: „*Aš renkuosi atleisti [vardas] už [konkretų įžeidimą]. Aš juos paleidžiu ir išsilaisvinu.*"
3. **Sudegink** – jei saugu tai padaryti, sudegink arba suplėšyk popierių kaip pranašišką išlaisvinimo aktą.
4. **Melskitės palaiminimo** už tuos, kurie jums padarė skriaudą – net jei jūsų emocijos tam priešinasi. Tai dvasinė kova.

Šventojo Rašto įrankiai

- *Mato 18:21–35* – Palyginimas apie neatlaidų tarną
- *Hebrajams 12:15* – Karčios šaknys daugelį suteršia
- *Morkaus 11:25* – Atleiskite, kad jūsų maldos nebūtų trukdomos
- *Romiečiams 12:19–21* – Kerštą palikite Dievui

GRUPĖS PARAIŠKA IR tarnystė

- Paprašykite kiekvieno asmens (privačiai arba raštu) įvardyti asmenį, kuriam jam sunku atleisti.
- Susiskirstykite į maldos komandas, kad atliktumėte atleidimo procesą, naudodamiesi žemiau pateikta malda.
- Vadovauti pranašiškai „deginimo ceremonijai", kurios metu užrašytos nuodėmės sunaikinamos ir pakeičiamos išgijimo deklaracijomis.

Tarnystės įrankiai:

- Atleidimo deklaracijos kortelės
- Švelni instrumentinė muzika arba mirkymas
- Džiaugsmo aliejus (patepimui po išlaisvinimo)

Pagrindinė įžvalga

Neatleidimas yra vartai, kuriais priešas naudojasi. Atleidimas yra kardas, kuris perkerpa pančių virvę.

Apmąstymų žurnalas

- Kam šiandien turiu atleisti?
- Ar aš sau atleidau, ar bausmiu save už praeities klaidas?
- Ar tikiu, kad Dievas gali sugrąžinti tai, ką praradau dėl išdavystės ar įžeidimo?

Išlaisvinimo malda

Viešpatie Jėzau, ateinu pas Tave su savo skausmu, pykčiu ir prisiminimais. Šiandien – tikėjimu – renkuosi atleisti visiems, kurie mane įskaudino, išnaudojo, išdavė ar atstūmė. Aš juos paleidžiu. Aš išlaisvinu juos iš teismo ir išlaisvinu save iš kartėlio. Prašau Tavęs išgydyti kiekvieną žaizdą ir pripildyti mane Savo ramybe. Jėzaus vardu. Amen.

19 DIENA: IŠGYDYMAS IŠ GĖDOS IR PASKERTIMO

„*Gėda sako: „Aš esu blogas." Pasmerkimas sako: „Niekada nebūsiu laisvas." Bet Jėzus sako: „Tu esi mano, ir aš tave atnaujinau."*
„Kas į Jį žvelgia, tas švyti, jų veidai niekada neapgaubti gėdos."
– *Psalmyno 34:5*

Gėda yra ne tik jausmas – tai priešo strategija. Tai apsiaustas, kuriuo jis apgaubia tuos, kurie nukrito, patyrė nesėkmę ar buvo išniekinti. Jis sako: „Tu negali priartėti prie Dievo. Tu esi per daug purvinas. Per daug pažeistas. Per daug kaltas."

Bet pasmerkimas yra **melas**, nes Kristuje **nėra pasmerkimo** (Romiečiams 8:1).

Daugelis išsivadavimo ieškančių žmonių lieka įstrigę, nes mano, kad nėra **verti laisvės**. Jie nešiojasi kaltę kaip ženklelį ir kartoja savo didžiausias klaidas kaip sugedusią plokštelę.

Jėzus ne tik sumokėjo už tavo nuodėmes – Jis sumokėjo už tavo gėdą.

Pasauliniai gėdos veidai

- **Afrika** – kultūriniai tabu, susiję su išprievartavimu, nevaisingumu, bevaikiškumu ar nesusituokimu.
- **Azija** – gėda dėl šeimos lūkesčių ar religinio atsiskyrimo.
- **Lotynų Amerika** – kaltė dėl abortų, dalyvavimo okultinėje veikloje ar šeimos gėdos.
- **Europa** – paslėpta gėda dėl slaptų nuodėmių, prievartos ar psichinės sveikatos problemų.
- **Šiaurės Amerika** – gėda dėl priklausomybės, skyrybų, pornografijos ar tapatybės painiavos.

Gėda klesti tyloje, bet miršta Dievo meilės šviesoje.

Tikra istorija – naujas vardas po aborto

Jasmine iš JAV prieš ateidama pas Kristų pasidarė tris abortus. Nors ji buvo išgelbėta, negalėjo sau atleisti. Kiekviena Motinos diena jausdavosi kaip prakeiksmas. Kai žmonės kalbėdavo apie vaikus ar tėvystę, ji jausdavosi nematoma – ir, dar blogiau, neverta.

Moterų rekolekcijų metu ji išgirdo žinią apie Izaijo 61 skyrių – „vietoj gėdos – dviguba dalis". Ji verkė. Tą naktį ji rašė laiškus savo negimusiems vaikams, vėl atgailavo Viešpaties akivaizdoje ir išvydo Jėzų, suteikiantį jai naujus vardus: *„Mylima", „Motina", „Atkurta"*.

Dabar ji padeda moterims po aborto ir atgauti savo tapatybę Kristuje.

Veiksmų planas – išeik iš šešėlio

1. **Įvardinkite gėdą** – užsirašykite, ką slėpėte ar dėl ko jautėtės kalti.
2. **Prisipažinkite melą** – užsirašykite kaltinimus, kuriais patikėjote (pvz., „Aš nešvarus", „Esu diskvalifikuotas").
3. **Pakeiskite tiesa** – garsiai skelbkite Dievo žodį sau (žr. toliau pateiktas Rašto ištraukas).
4. **Pranašiškas veiksmas** – užrašykite žodį „GĖDA" ant popieriaus lapo, tada jį suplėšykite arba sudeginkite. Pareikškite: *„Aš daugiau nesu tuo saistomas!"*

Šventojo Rašto įrankiai

- *Romiečiams 8:1–2* – Kristuje nėra pasmerkimo
- *Izaijo 61:7* – Dviguba dalis už gėdą
- *Psalmė 34:5* – Švytėjimas Jo akivaizdoje
- *Hebrajams 4:16* – Drąsus priėjimas prie Dievo sosto
- *Sofonijo 3:19–20* – Dievas pašalina gėdą tarp tautų

Grupės paraiška ir tarnystė

- Paprašykite dalyvių parašyti anoniminius gėdos pareiškimus (pvz., „Aš pasidariau abortą", „Mane išnaudojo", „Aš apgavau") ir sudėkite juos į sandarią dėžutę.
- Garsiai perskaitykite Izaijo 61 skyrių, tada veskite mainų maldą – gedulą vietoj džiaugsmo, pelenus vietoj grožio, gėdą vietoj garbės.
- Grokite garbinimo muziką, kuri pabrėžia tapatybę Kristuje.
- Kalbėkite pranašiškus žodžius apie tuos, kurie yra pasirengę paleisti.

Tarnystės įrankiai:

- Asmens tapatybės deklaracijos kortelės
- Patepimo aliejus
- Garbinimo grojaraštis su tokiomis dainomis kaip „You Say" (Lauren Daigle), „No Longer Slaves" arba „Who You Say I Am"

Pagrindinė įžvalga

Gėda yra vagis. Ji pavagia jūsų balsą, džiaugsmą ir autoritetą. Jėzus ne tik atleido jūsų nuodėmes – Jis atėmė iš gėdos jos galią.

Apmąstymų žurnalas

- Koks ankstyviausias gėdos prisiminimas, kurį galiu prisiminti?
- Kokiu melu apie save tikėjau?
- Ar esu pasiruošęs matyti save tokį, kokį mane mato Dievas – švarų, spindintį ir išrinktą?

Gydymo malda

Viešpatie Jėzau, atnešu Tau savo gėdą, paslėptą skausmą ir kiekvieną pasmerkimo balsą. Gailiuosi, kad pritariu priešo melui apie tai, kas aš esu. Renkuosi tikėti tuo, ką Tu sakai – kad man atleista, kad esu mylimas ir atnaujintas. Priimu Tavo teisumo apsiaustą ir žengiu į laisvę. Iš gėdos žengiu į Tavo šlovę. Jėzaus vardu, Amen.

20 DIENA: NAMŲ RAGANAVIMAS – KAI PO TUO PAČIU STOGU GYVENA TAMSA

"*Ne kiekvienas priešas yra lauke. Kai kurie nešioja pažįstamus veidus.*"
„Žmogaus priešai bus jo namiškiai."
– *Mato 10:36*

Kai kurios nuožmiausios dvasinės kovos vyksta ne miškuose ar šventovėse, o miegamuosiuose, virtuvėse ir šeimos altoriuose.

Namų raganavimas reiškia demoniškas operacijas, kylančias iš šeimos – tėvų, sutuoktinių, brolių ir seserų, namų personalo ar giminaičių – dėl pavydo, okultinės praktikos, protėvių aukurų ar tiesioginės dvasinės manipuliacijos.

Išsivadavimas tampa sudėtingas, kai dalyvauja žmonės, **kuriuos mylime arba su kuriais gyvename.**

Pasauliniai namų raganavimo pavyzdžiai

- **Afrika** – Pavydi pamotė siunčia prakeiksmus per maistą; brolis ar sesuo iškviečia dvasias prieš sėkmingesnį brolį.
- **Indija ir Nepalas** – motinos skiria vaikus dievybėms vos gimę; namų altoriai naudojami likimams valdyti.
- **Lotynų Amerika** – giminaičių slapta praktikuojama brujerija arba santerija, siekiant manipuliuoti sutuoktiniais ar vaikais.
- **Europa** – paslėptos masonų arba okultinės priesaikos šeimos linijose; perduodamos psichinės arba spiritualistinės tradicijos.
- **Šiaurės Amerika** – vikanai arba naujojo amžiaus tėvai „laimina" savo vaikus kristalais, energetiniu valymu arba taro kortomis.

Šios jėgos gali slypėti už šeimos meilės, tačiau jų tikslas – kontrolė, sąstingis, ligos ir dvasinė vergystė.

Tikra istorija – Mano tėvas, kaimo pranašas

Moteris iš Vakarų Afrikos užaugo namuose, kuriuose jos tėvas buvo labai gerbiamas kaimo pranašas. Pašaliniams jis buvo dvasinis vadovas. Už uždarų durų jis slėpdavo talismanus rūmuose ir aukodavosi už šeimas, siekiančias palankumo ar keršto.

Jos gyvenime išryškėjo keisti modeliai: pasikartojantys košmarai, nutrūkę santykiai ir nepaaiškinamos ligos. Kai ji atidavė savo gyvenimą Kristui, tėvas atsisuko prieš ją, pareikšdamas, kad be jo pagalbos jai niekada nepasiseks. Jos gyvenimas metų metus vingiavo į vėžes.

Po mėnesių vidurnakčio maldų ir pasninko Šventoji Dvasia paskatino ją atsisakyti bet kokio sielos ryšio su tėvo okultiniu apsiaustu. Ji užkasė šventraščius savo sienose, degino senus ženklus ir kasdien tepė savo slenkstį. Pamažu prasidėjo proveržiai: jos sveikata sugrįžo, sapnai išsisklaidė ir ji pagaliau ištekėjo. Dabar ji padeda kitoms moterims, susiduriančioms su namų aukurais.

Veiksmų planas – susidūrimas su pažįstama dvasia

1. **Įžvalgumas be gėdos** – prašykite Dievo apreikšti paslėptas galias be neapykantos.
2. **Sulaužykite sielinius susitarimus** – atsisakykite visų dvasinių ryšių, sudarytų per ritualus, altorius ar žodines priesaikas.
3. **Dvasiškai atskirti** – net ir gyvendami tuose pačiuose namuose, galite **dvasiškai atsiriboti** per maldą.
4. **Pašventinkite savo erdvę** – patepkite kiekvieną kambarį, daiktą ir slenkstį aliejumi ir Šventuoju Raštu.

Šventojo Rašto įrankiai

- *Michėjo 7:5–7* – Nepasitikėk artimu
- *Psalmių 27:10* – „Nors tėvas ir motina mane paliktų..."
- *Lk 14, 26* – Mylėti Kristų labiau nei šeimą
- *2 Karalių 11:1–3* – Slaptas išvadavimas nuo žudikės karalienės motinos
- *Izaijo 54:17* – Joks nukaltas ginklas nebus sėkmingas

Grupės paraiška

- Pasidalykite patirtimi, kai priešinimasis kilo iš šeimos vidaus.
- Melskitės išminties, drąsos ir meilės susidūrus su namų ūkio pasipriešinimu.
- Atsisakykite kiekvieno sielos ryšio ar giminaičių ištarto prakeiksmo, veskite atsisakymo maldą.

Tarnystės įrankiai:

- Patepimo aliejus
- Atleidimo pareiškimai
- Sandoros atleidimo maldos
- 91 psalmės maldos viršelis

Pagrindinė įžvalga
Kraujo linija gali būti palaiminimas arba mūšio laukas. Esate pašaukti ją atpirkti, o ne būti jos valdomi.

Apmąstymų žurnalas

- Ar kada nors patyriau dvasinį pasipriešinimą iš artimo žmogaus?
- Ar yra kas nors, kam turiu atleisti – net jei jis vis dar užsiima raganavimu?
- Ar esu pasirengęs atsiskirti, net jei tai kainuos santykius?

Atsiskyrimo ir apsaugos malda
Tėve, aš pripažįstu, kad didžiausias pasipriešinimas gali kilti iš artimiausių man žmonių. Aš atleidžiu kiekvienam namų ūkio nariui, sąmoningai ar nesąmoningai veikiančiam prieš mano likimą. Aš nutraukiu kiekvieną sielos ryšį, prakeiksmą ir sandorą, sudarytą per mano šeimos liniją, kuri nesuderinama su Tavo Karalyste. Jėzaus krauju pašventinu savo namus ir pareiškiu: aš ir mano namai tarnausime Viešpačiui. Amen.

21 DIENA: JEZABELĖS DVASIA – GUNDYMAS, KONTROLĖ IR RELIGINĖ MANIPULIACIJA

„*Bet Aš turiu prieš tave šį tą: tu toleruoji moterį Jezabelę, kuri vadina save pranaše ir savo mokymu klaidina...*" – Apreiškimo 2:20

„*Jos galas ateis staiga, be jokios pagalbos.*" – Patarlių 6:15

Kai kurios dvasios šaukia iš išorės.

Jezabelė šnabžda iš vidaus.

Ji ne tik gundo – ji **uzurpuoja, manipuliuoja ir gadina**, sugriaudama tarnystes, uždusindama santuokas ir suviliodama tautas maištu.

Kas yra Jezabelės dvasia?

Jezabelės dvasia:

- Atkartoja pranašystes, kad suklaidintų
- Naudoja žavesį ir viliojimą, kad valdytų
- Nekenčia tikrosios valdžios ir nutildo pranašus
- Pasididžiavimą maskuoja po netikru nuolankumu
- Dažnai prisiriša prie vadovybės ar jai artimų asmenų

Ši dvasia gali veikti per **vyrus ar moteris** ir klesti ten, kur negydoma galia, ambicijos ar atstūmimas lieka neišgydyti.

Pasaulinės manifestacijos

- **Afrika** – netikros pranašės, kurios manipuliuoja altoriais ir su baime reikalauja ištikimybės.
- **Azija** – religiniai mistikai, derinantys gundymą su vizijomis, kad dominuotų dvasiniuose sluoksniuose.
- **Europa** – Senovės deivių kultai atgijo Naujojo Amžiaus praktikose,

vadinami įgalinimu.
- **Lotynų Amerika** – Santerijos žynės, kontroliuojančios šeimas teikdamos „dvasinius patarimus".
- **Šiaurės Amerika** – socialinių tinklų įtakingi asmenys, propaguojantys „dieviškąjį moteriškumą", tuo pačiu pašiepdami biblinį paklusnumą, autoritetą ar tyrumą.

Tikra istorija: *Jezabelė, kuri sėdėjo ant altoriaus*

Karibų jūros šalyje dėl Dievo deganti bažnyčia ėmė lėtai ir nepastebimai gesti. Užtarimo grupė, kuri kadaise rinkdavosi vidurnakčio maldoms, ėmė sklaidytis. Jaunimo tarnystė pateko į skandalą. Bažnyčioje ėmė irti santuokos, o kadaise ugningas pastorius tapo neryžtingas ir dvasiškai pavargęs.

Visko centre buvo moteris – **sesuo R.** Graži, charizmatiška ir dosni, ja žavėjosi daugelis. Ji visada turėjo „Viešpaties žodį" ir svajojo apie kiekvieno kito likimą. Ji dosniai aukojo bažnyčios projektams ir užsitarnavo vietą arti pastoriaus.

Užkulisiuose ji subtiliai **šmeižė kitas moteris**, suviliojo jaunesnįjį pastorių ir sėjo nesantaikos sėklas. Ji pozicionavo save kaip dvasinį autoritetą, tyliai kenkdama tikrajai vadovybei.

Vieną naktį bažnyčioje paauglė mergaitė susapnavo ryškų sapną – ji pamatė po sakykla susisukusią gyvatę, šnabždančią į mikrofoną. Išsigandusi ji papasakojo sapną savo mamai, kuri jį atnešė pastoriui.

Vadovybė nusprendė **trijų dienų pasninką**, kad ieškotų Dievo vadovavimo. Trečią dieną, maldos metu, sesuo R pradėjo smarkiai pasireikšti. Ji šnypštė, rėkė ir kaltino kitus raganavimu. Po to sekė galingas išlaisvinimas, ir ji prisipažino: vėlyvoje paauglystėje buvo įšventinta į dvasinį ordiną, kuriam buvo pavesta **infiltruotis į bažnyčias ir „pavogti jų ugnį"**.

ji jau buvo buvusi **penkiose bažnyčiose**. Jos ginklas nebuvo garsus – tai buvo **meilikavimas, gundymas, emocinė kontrolė** ir pranašiškas manipuliavimas.

Šiandien ta bažnyčia atstatė savo altorių. Sakykla iš naujo pašventinta. O ta jauna paauglė? Ji dabar – ugninga evangelistė, vadovaujanti moterų maldos judėjimui.

Veiksmų planas – kaip pasipriešinti Jezabelei

1. **Atgailaukite** dėl bet kokio būdo, kuriuo bendradarbiavote su manipuliacijomis, seksualine kontrole ar dvasiniu išdidumu.
2. **Įžvelkite** Jezabelės bruožus – meilikavimą, maištą, gundymą, klaidingas pranašystes.
3. **nutraukite sielos ryšius** ir nešventus aljansus – ypač su tais, kurie atitraukia jus nuo Dievo balso.
4. **Skelbkite savo valdžią** Kristuje. Jezabelė bijo tų, kurie juos pažįsta.

Šventojo Rašto arsenalas:

- 1 Karalių 18–21 – Jezabelė prieš Eliją
- Apreiškimo 2:18–29 – Kristaus įspėjimas Tiatyrai
- Patarlių 6:16–19 – Ko Dievas nekenčia
- Galatams 5:19–21 – Kūno darbai

Grupės paraiška

- Aptarkite: Ar kada nors matėte dvasinę manipuliaciją? Kaip ji pasislėpė?
- Grupėje paskelbkite „netoleravimo" politiką Jezabelei – bažnyčioje, namuose ar vadovybėje.
- Jei reikia, sukalbėkite **išlaisvinimo maldą** arba pasninkaukite, kad nutrauktumėte jos įtaką.
- Iš naujo pašventinkite bet kokią tarnystę ar aukurą, kuris buvo pažeistas.

Tarnystės įrankiai:
Naudokite patepimo aliejų. Sukurkite erdvės išpažinčiai ir atleidimui. Giedokite garbinimo giesmes, skelbiančias **Jėzaus viešpatystę.**

Pagrindinė įžvalga
Jezabelė klesti ten, kur **mažai įžvalgumo**, o **daug tolerancijos**. Jos valdymas baigiasi, kai pabunda dvasinė valdžia.

Apmąstymų žurnalas

- Ar leidau manipuliacijoms mane vesti?

- Ar yra žmonių ar įtakų, kurias iškėliau aukščiau Dievo balso?
- Ar iš baimės ar kontrolės nutildžiau savo pranašišką balsą?

Išvadavimo malda

Viešpatie Jėzau, aš atsisakau bet kokios sąjungos su Jezabelės dvasia. Aš atmetu gundymą, kontrolę, klaidingas pranašystes ir manipuliacijas. Apvalyk mano širdį nuo puikybės, baimės ir kompromisų. Aš susigrąžinu savo valdžią. Tegul kiekvienas aukuras, kurį Jezabelė pastatė mano gyvenime, būna sugriautas. Aš paskelbiu Tave, Jėzau, Viešpačiu savo santykiams, pašaukimui ir tarnystei. Pripildyk mane įžvalgumu ir drąsa. Tavo vardu, Amen.

22 DIENA: PITONAIS IR MALDOS – SUSIPŪTINIMO DVASIA

„*Kartą, kai ėjome į maldos vietą, mus pasitiko vergė, turinti Pitono dvasią...*" – Apaštalų darbų 16:16
„*Tu suminsi liūtą ir angį...*" – Psalmių 91:13
Yra dvasia, kuri nekanda – ji **spaudžia**.
Ji dusina tavo ugnį. Ji apsivynioja aplink tavo maldų gyvenimą, kvėpavimą, garbinimą, drausmę – kol pradedi atsisakyti to, kas kadaise tau teikė stiprybės.
Pitono dvasia – demoniška jėga, kuri **varžo dvasinį augimą, vilkina likimą, smaugia maldą ir klastoja pranašystes**.
Pasaulinės manifestacijos

- **Afrika** – Pitonų dvasia pasirodo kaip netikra pranašiška jėga, veikianti jūrų ir miškų šventovėse.
- **Azija** – gyvačių dvasios, garbinamos kaip dievybės, kurias reikia pamaitinti arba nuraminti.
- **Lotynų Amerika** – santerijos gyvačių altoriai, naudojami turtui, geismui ir galiai skatinti.
- **Europa** – gyvačių simboliai raganavimo, būrimo ir ekstrasensų sluoksniuose.
- **Šiaurės Amerika** – netikri „pranašiški" balsai, įsišaknyję maište ir dvasinėje sumaištyje.

Liudijimas: *Mergina, kuri negalėjo kvėpuoti*
Marisol iš Kolumbijos ėmė dusti kaskart, kai atsiklaupdavo pasimelsti. Jos krūtinė susitraukdavo. Sapnuose ji vaidindavo gyvates, apsivyniojusias aplink kaklą arba besiilsinčias po lova. Gydytojai nerado jokių medicininių problemų.

Vieną dieną jos močiutė prisipažino, kad Marisol vaikystėje buvo „atsidavusi" kalnų dvasiai, kuri, kaip žinoma, pasirodydavo gyvatės pavidalu. Tai buvo **„dvasia globėja"**, tačiau ji turėjo savo kainą.

Išlaisvinimo susirinkimo metu Marisol pradėjo smarkiai rėkti, kai ant jos uždėjo rankas. Ji pajuto, kaip kažkas juda pilve, aukštyn krūtinėje, o paskui iš burnos, tarsi būtų išstumtas oras.

Po to susitikimo dusulys liovėsi. Jos sapnai pasikeitė. Ji pradėjo vesti maldos susirinkimus – būtent tai, ką priešas kadaise bandė iš jos pasmaugti.

Požymiai, kad galite būti paveikti Pitono dvasios

- Nuovargis ir sunkumas, kai bandote melstis ar garbinti
- Pranašiškas sumišimas arba apgaulingi sapnai
- Nuolatinis užspringimo, užblokavimo ar surišimo jausmas
- Depresija ar neviltis be aiškios priežasties
- Dvasinio troškimo ar motyvacijos praradimas

Veiksmų planas – Suvaržymų panaikinimas

1. **Atgailaukite** dėl bet kokio okultinio, psichinio ar protėvių įsitraukimo.
2. **Paskelbk savo kūną ir dvasią esant vienintelio Dievo.**
3. **Pasninkas ir karas** remiantis Izaijo 27:1 ir Psalmių 91:13.
4. **Patepkite savo gerklę, krūtinę ir kojas** – teigdami, kad turite laisvę kalbėti, kvėpuoti ir vaikščioti tiesoje.

Išvadavimo Raštai:

- Apaštalų darbų 16:16–18 – Paulius išvaro pitono dvasią
- Izaijo 27:1 – Dievas nubaudžia Leviataną, bėgančią gyvatę
- 91 psalmė – Apsauga ir valdžia
- Lk 10, 19 – Galia sutrypti gyvates ir skorpionus

GRUPĖS PARAIŠKA

- Paklauskite: Kas dusina mūsų maldos gyvenimą – asmeninį ir bendrą?
- Vadovaukite grupei kvėpavimo maldai – skelbkite **Dievo kvėpavimą** (Ruach) virš kiekvieno nario.
- Garbindami ir užtardami sulaužykite bet kokią klaidingą pranašystės įtaką ar gyvatės spaudimą.

Tarnystės įrankiai: garbinimas fleitomis ar kvėpavimo instrumentais, simbolinis virvių kirpimas, maldos skaros kvėpavimo laisvei.

Pagrindinė įžvalga
Pitono dvasia uždusina tai, ką Dievas nori pagimdyti. Su ja reikia susidurti, kad atgautum kvapą ir drąsą.

Apmąstymų žurnalas

- Kada paskutinį kartą jaučiausi visiškai laisvas maldoje?
- Ar yra dvasinio nuovargio požymių, kuriuos ignoravau?
- Ar aš nesąmoningai priėmiau „dvasinį patarimą", kuris sukėlė dar daugiau painiavos?

Išvadavimo malda

Tėve, Jėzaus vardu, aš sulaužau kiekvieną gniuždančią dvasią, skirtą užgniaužti mano tikslą. Aš atsižadu pitono dvasios ir visų netikrų pranašystės balsų. Priimu Tavo Dvasios alsavimą ir pareiškiu: Aš laisvai kvėpuosiu, drąsiai melsiuosi ir vaikščiosiu teisingai. Kiekviena gyvatė, apsivyniojusi aplink mano gyvenimą, yra nukertama ir išvaryta. Aš dabar gaunu išvadavimą. Amen.

23 DIENA: NETEISĖS SOSTAI – TERITORINIŲ TVIRTOVYBIŲ GRIAUKIMAS

„*Ar nedorybės sostas, kuris pagal įstatymą rezga blogį, turės bendrystę su Tavimi?*" – Psalmių 94:20

„*Mes grumiamės ne su kūnu ir krauju, bet su... tamsos valdovais...*" – Efeziečiams 6:12

Yra nematomi **sostai** – įsteigti miestuose, tautose, šeimose ir sistemose, – kur demoniškos jėgos **teisėtai valdo** sandoras, įstatymus, stabmeldystę ir užsitęsusį maištą.

Tai ne atsitiktiniai išpuoliai. Tai **įsitvirtinę autoritetai**, giliai įsišakniję struktūrose, kurios tęsia blogį iš kartos į kartą.

Kol šie sostai **nebus dvasiškai sugriauti**, tamsos ciklai išliks – nesvarbu, kiek maldų bus aukojama paviršutiniškai.

Pasaulinės tvirtovės ir sostai

- **Afrika** – raganavimo sostai karališkosiose giminėse ir tradicinėse tarybose.
- **Europa** – sekuliarizmo, masonų ir legalizuoto maišto sostai.
- **Azija** – stabmeldystės sostai protėvių šventyklose ir politinėse dinastijose.
- **Lotynų Amerika** – narkoteroro, mirties kultų ir korupcijos sostai.
- **Šiaurės Amerika** – iškrypimų, abortų ir rasinės priespaudos sostai.

Šie sostai daro įtaką sprendimams, slopina tiesą ir **praryja likimus**.

Liudijimas: *Miesto tarybos nario išlaisvinimas*

Pietų Afrikos mieste naujai išrinktas krikščionių tarybos narys sužinojo, kad visi iki jo buvę pareigūnai buvo arba išprotėję, išsiskyrę, arba staiga mirę.

Po kelių dienų maldų Viešpats apreiškė **kraujo aukojimo sostą,** paslėptą po savivaldybės pastatu. Vietinis aiškiaregis seniai buvo pasodinęs talismanų, kaip teritorinių pretenzijų dalį.

Tarybos narys rinko užtarėjus, pasninkavo ir vidurnaktį surengė pamaldas tarybos salėje. Tris naktis darbuotojai pranešė apie keistus riksmus sienose ir elektros energijos tiekimo sutrikimus.

Per savaitę prasidėjo prisipažinimai. Buvo atskleistos korupcinės sutartys, o per kelis mėnesius pagerėjo viešosios paslaugos. Sostas krito.

Veiksmų planas – Tamsos nuvertimas

1. **Nustatykite sostą** – paprašykite Viešpaties parodyti jums teritorines tvirtoves jūsų mieste, pareigose, kraujo linijoje ar regione.
2. **Atgailaukite dėl žemės** (Danieliaus 9 stiliaus užtarimas).
3. **Garbinkite strategiškai** – sostai griūva, kai Dievo šlovė ima viršų (žr. 2 Met 20).
4. **Paskelbkite Jėzaus vardą** vieninteliu tikruoju Karaliumi toje srityje.

Inkariniai Raštai:

- Psalmė 94:20 – Nedorybės sostai
- Efeziečiams 6:12 – Valdovai ir valdžios
- Izaijo 28:6 – Teisingumo dvasia tiems, kurie stoja į kovą
- 2 Karalių 23 – Jozijas sunaikina stabmeldiškus aukurus ir sostus

GRUPĖS ĮSITRAUKIMAS

- Atlikite savo kaimynystės ar miesto „dvasinio žemėlapio" sesiją.
- Paklauskite: kokie čia nuodėmės, skausmo ar priespaudos ciklai?
- Paskirkite „sargybinius", kurie kas savaitę melstųsi prie svarbiausių vartų vietų: mokyklų, teismų, turgų.
- Vadovaujančios grupės nutarimai prieš dvasinius valdovus, remiantis Psalmių 149:5–9.

Tarnystės įrankiai: šofarai, miesto žemėlapiai, alyvuogių aliejus žemės pašventinimui, maldos žygių vadovai.

Pagrindinė įžvalga

Jei norite matyti transformaciją savo mieste, **turite mesti iššūkį sostui, stovinčiam už sistemos**, o ne tik veidui priešais ją.

Apmąstymų žurnalas

- Ar mano mieste ar šeimoje pasikartojantys mūšiai atrodo didesni už mane?
- Ar paveldėjau kovą prieš sostą, kurio neužėmiau?
- Kokius „valdytojus" reikia nuversti maldoje?

Karo malda

Viešpatie, demaskuok kiekvieną nedorybės sostą, viešpataujantį mano teritorijoje. Skelbiu Jėzaus vardą kaip vienintelio Karaliaus! Tegul kiekvienas paslėptas aukuras, įstatymas, sutartis ar jėga, verčianti tamsą būti išsklaidyta ugnimi. Aš užimu savo vietą kaip užtarėjas. Avinėlio krauju ir savo liudijimo žodžiu nugriaunu sostus ir pasodinau Kristų į savo namų, miesto ir tautos sostą. Jėzaus vardu. Amen.

24 DIENA: SIELOS FRAGMENTAI – KAI TRŪKSTA JŪSŲ DALIŲ

„**J**is atgaivina mano sielą..." – Psalmių 23:3

„*Aš išgydysiu tavo žaizdas, – sako Viešpats, – nes tu vadini atstumtuoju...*" – Jeremijo 30:17

Trauma gali sudaužyti sielą. Piktnaudžiavimas. Atstūmimas. Išdavystė. Staigi baimė. Užsitęsęs sielvartas. Šie išgyvenimai nepalieka tik prisiminimų – jie **sulaužo tavo vidinį žmogų**.

Daugelis žmonių vaikšto atrodydami visaverčiai, bet gyvena taip, lyg **jiems trūktų dalelių savęs**. Jų džiaugsmas suskilęs. Jų tapatybė išsklaidyta. Jie įstrigę emocinėse laiko juostose – dalis jų įstrigę skausmingoje praeityje, o kūnas toliau sensta.

Tai **sielos fragmentai** – jūsų emocinio, psichologinio ir dvasinio „aš" dalys, kurios nutrūko dėl traumos, demonų įsikišimo ar raganavimo manipuliacijų.

Kol tos dalelės nebus surinktos, išgydytos ir vėl sujungtos per Jėzų, **tikroji laisvė lieka nepasiekiama**.

Pasaulinė sielų vagysčių praktika

- **Afrika** – raganos, fiksuojančios žmonių „esenciją" stiklainiuose ar veidrodžiuose.
- **Azija** – sielų įkalinimo ritualai, kuriuos atlieka guru arba tantros praktikai.
- **Lotynų Amerika** – šamanų sielų skaldymas siekiant kontrolės arba prakeiksmų.
- **Europa** – okultinė veidrodinė magija, naudojama tapatybei suardyti arba palankumui pavogti.
- **Šiaurės Amerika** – Trauma dėl tvirkinimo, aborto ar tapatybės painiavos dažnai sukelia gilias sielos žaizdas ir susiskaldymą.

Istorija: *Mergina, kuri negalėjo jausti*

Andrėja, 25 metų mergina iš Ispanijos, daugelį metų kentė šeimos nario tvirkinimą. Nors ji priėmė Jėzų, ji liko emociškai apatiška. Ji negalėjo verkti, mylėti ar jausti empatijos.

Atvykęs ministras jai uždavė keistą klausimą: „Kur palikai savo džiaugsmą?" Užmerkusi akis, Andrea prisiminė, kaip jai buvo devyneri metai, susisukusi spintoje ir sakydama sau: „Niekada daugiau to nejausiu."

Jie kartu meldėsi. Andrėja atleido, atsisakė vidinių įžadų ir pakvietė Jėzų į tą konkretų prisiminimą. Ji pirmą kartą per daugelį metų nevaldomai verkė. Tą dieną **jos siela buvo atkurta**.

Veiksmų planas – sielos atgavimas ir gydymas

1. Paklauskite Šventosios Dvasios: *Kur aš pamečiau dalelę savęs?*
2. Atleiskite visiems, kurie buvo susiję su ta akimirka, ir **atsisakykite vidinių įžadų,** tokių kaip „Aš niekada daugiau nepasitikėsiu".
3. Pakvieskite Jėzų į atmintį ir kalbėkite gydantį žodį tą akimirką.
4. Melskitės: *„Viešpatie, atkurk mano sielą. Aš kviečiu kiekvieną savo dalelę sugrįžti ir būti visavertę."*

Svarbiausios Šventojo Rašto eilutės:

- Psalmė 23:3 – Jis atkuria sielą
- Luko 4:18 – Gydo sudužusias širdis
- 1 Tesalonikiečiams 5:23 – Dvasia, siela ir kūnas išsaugoti
- Jeremijo 30:17 – Išgydymas atstumtiesiems ir žaizdoms

Grupės paraiška

- Vedkite narius per vedamą **vidinio gydymo maldos sesiją**.
- Paklauskite: *Ar jūsų gyvenime yra buvę akimirkų, kai nustojote pasitikėti, jausti ar svajoti?*
- Vaidmenų žaidimas „grįžimas į tą kambarį" su Jėzumi ir Jo žaizdos gijimo stebėjimas.
- Tegul patikimi vadovai švelniai uždeda rankas ant galvų ir paskelbia sielos atgimimą.

Tarnystės priemonės: garbinimo muzika, švelnus apšvietimas, servetėlės, mintys rašymui.

Pagrindinė įžvalga

Išlaisvinimas – tai ne tik demonų išvarymas. Tai **sudaužytų gabalėlių surinkimas ir tapatybės atkūrimas**.

Apmąstymų žurnalas

- Kokie trauminiai įvykiai vis dar kontroliuoja mano mąstymą ar jausmus šiandien?
- Ar kada nors sakiau: „Daugiau niekada nemylėsiu" arba „Nebegaliu niekuo pasitikėti"?
- Kaip man atrodo „visavertiškumas" – ir ar aš tam pasiruošęs?

ATSTATYMO MALDA

Jėzau, Tu esi mano sielos Ganytojas. Aš Tau atnešu kiekvieną vietą, kur buvau sugniuždytas – baimės, gėdos, skausmo ar išdavystės. Aš sulaužau kiekvieną vidinį įžadą ir prakeiksmą, ištartą traumos metu. Aš atleidžiu tiems, kurie mane sužeidė. Dabar aš kviečiu kiekvieną savo sielos dalelę sugrįžti. Atkurk mane visiškai – dvasią, sielą ir kūną. Aš nesu sulaužytas amžinai. Esu visas Tavyje. Jėzaus vardu. Amen.

25 DIENA: KEISTI VAIKAI PRAKEIKTAS – KAI LIKIMAI PASIKEIČIUOJA GIMIMO METU

„*Jų vaikai – svetimi vaikai. Dabar mėnuo praris juos kartu su jų dalimis.*" – Ozėjo 5:7.

„*Prieš sukurdamas tave įsčiose, aš tave pažinau...*" – Jeremijo 1:5.

Ne kiekvienas vaikas, gimęs tokiuose namuose, yra skirtas tiems namams. Ne kiekvienas vaikas, turintis jūsų DNR, turi jūsų palikimą.

Priešas jau seniai naudoja **gimimą kaip mūšio lauką** – keičiasi likimais, sodina netikrus palikuonis, išventina kūdikius į tamsias sandoras ir kišasi į gimdas dar prieš prasidedant apvaisinimui.

Tai ne tik fizinis klausimas. Tai **dvasinis procesas** – susijęs su altoriais, aukomis ir demoniškais teisėtais dalykais.

Kas yra keisti vaikai?

„Keisti vaikai" yra:

- Vaikai, gimę dėl okultinio atsidavimo, ritualų ar seksualinių sandorų.
- Palikuonys apsikeitė gimimo metu (dvasiškai arba fiziškai).
- Vaikai, nešiojantys tamsias užduotis šeimoje ar giminėje.
- Sielos, pagrobtos įsčiose per raganavimą, nekromantiją ar kartų aukurus.

Daugelis vaikų auga maištingi, priklausomi, neapykantos kupini tėvų ar savęs – ne tik dėl blogo auklėjimo, bet ir dėl to, **kas juos dvasiškai prisiėmė nuo gimimo** .

GLOBALIOS IŠRAIŠKOS

- **Afrika** – dvasiniai mainai ligoninėse, gimdos užteršimas per jūros dvasias arba ritualinis seksas.
- **Indija** – vaikai prieš gimimą įšventinami į šventyklas arba gauna karmos pagrindu sudarytas likimo vietas.
- **Haitis ir Lotynų Amerika** – santerijos pašventinimai, vaikai, pradėti ant altorių arba po burtų.
- **Vakarų šalys** – dirbtinio apvaisinimo ir surogatinės motinystės praktikos, kartais siejamos su okultinėmis sutartimis arba donorų linijomis; abortai, kurie palieka atviras dvasines duris.
- **Vietinių kultūrų visame pasaulyje** – dvasių vardų suteikimo ceremonijos arba toteminis tapatybės perdavimas.

Istorija: *Kūdikis su netinkama dvasia*

Ugandos slaugytoja Clara papasakojo, kaip moteris atsinešė savo naujagimį į maldos susirinkimą. Kūdikis nuolat rėkė, atmetė pieną ir smarkiai reagavo į maldą.

Pranašiškas žodis atskleidė, kad kūdikis buvo „apsikeistas" dvasioje gimimo metu. Motina prisipažino, kad ragana meldėsi už jos pilvą, kai ji beviltiškai troško vaiko.

Atgailaujant ir intensyviai meldžiantis už išlaisvinimą, kūdikis suglebo, o paskui nusiramino. Vėliau vaikas klestėjo – rodė atkurtos ramybės ir vystymosi ženklus.

Ne visi vaikų negalavimai yra natūralūs. Kai kurie yra **paveldimi nuo pat apvaisinimo**.

Veiksmų planas – gimdos likimo susigrąžinimas

1. Jei esate tėvas, **iš naujo pašvęskite savo vaiką Jėzui Kristui**.
2. Atsisakykite bet kokių prenatalinių prakeiksmų, pasišventimų ar sandorų – net ir tuos, kuriuos nesąmoningai sudarė protėviai.
3. Maldoje kalbėkite tiesiai į savo vaiko dvasią: *„Tu priklausai Dievui. Tavo likimas atkurtas."*
4. Jei neturite vaikų, melskitės už savo įsčias, atmesdami visas dvasinio manipuliavimo ar kišimosi formas.

Svarbiausios Šventojo Rašto eilutės:

- Ozėjo 9:11–16 – Teismas svetimai sėklai
- Izaijo 49:25 – Kova dėl savo vaikų
- Lk 1, 41 – Dvasios kupini vaikai nuo pat įsčių
- Psalmė 139:13–16 – Dievo sąmoningas sumanymas įsčiose

Grupės įsitraukimas

- Paprašykite tėvų atsinešti savo vaikų vardus arba nuotraukas.
- Prie kiekvieno vardo pareikškite: „Jūsų vaiko tapatybė atkurta. Kiekviena svetima ranka nukirsta."
- Melskitės už dvasinį visų moterų (ir vyrų kaip dvasinių sėklos nešėjų) įsčių apvalymą.
- Naudokite komuniją, kad simbolizuotumėte kraujo linijos likimo susigrąžinimą.

Tarnystės priemonės: Komunija, patepimo aliejus, atspausdinti vardai arba kūdikių reikmenys (nebūtina).

Pagrindinė įžvalga

Šėtonas taikosi į gimdą, nes **ten formuojasi pranašai, kariai ir likimai**. Tačiau kiekvienas vaikas gali būti susigrąžintas per Kristų.

Apmąstymų žurnalas

- Ar kada nors nėštumo metu ar po gimdymo sapnavau keistus sapnus?
- Ar mano vaikai kovoja su nenatūraliais būdais?
- Ar esu pasiruošęs susidurti su kartų maišto ar delsimo dvasinėmis ištakomis?

Atgavimo malda

Tėve, aš atnešu savo įsčias, savo sėklą ir savo vaikus prie Tavo altoriaus. Atgailauju už bet kokias duris – žinomas ar nežinomas – pro kurias priešas galėjo patekti. Aš sulaužau kiekvieną prakeiksmą, pasišventimą ir demonišką užduotį, susietą su mano vaikais. Kalbu virš jų: Jūs esate šventi, išrinkti ir užantspauduoti Dievo šlovei. Jūsų likimas atpirktas. Jėzaus vardu. Amen.

26 DIENA: PASLĖPTI GALIOS ALTORIAI – IŠSIVADAVIMAS IŠ ELITO OKULTINIŲ SANDORŲ

„*Velnias vėl paėmė Jį į labai aukštą kalną, parodė Jam visas pasaulio karalystes ir jų šlovę ir tarė: 'Visa tai aš Tau duosiu, jei parpuolęs pagarbinsi mane'*" (Mato 4:8–9)

Daugelis mano, kad šėtoniška galia slypi tik slaptuose ritualuose ar tamsiuose kaimuose. Tačiau kai kurios pavojingiausios sandoros slypi už nublizgintų kostiumų, elitinių klubų ir kartų įtakos.

Tai **galios altoriai** – suformuoti kraujo priesaikomis, iniciacijomis, slaptais simboliais ir žodiniais pažadais, kurie suriša asmenis, šeimas ir net ištisas tautas su Liuciferio valdžia. Nuo masonų iki kabalistų apeigų, nuo rytietiškų žvaigždžių iniciacijų iki senovės Egipto ir Babilono misterijų mokyklų – jie žada nušvitimą, bet atneša vergiją.

Pasauliniai ryšiai

- **Europa ir Šiaurės Amerika** – masonai, rozenkreicerystė, Auksinės aušros ordinas, Kaukolės ir kaulų ordinas, Bohemijos giraitė, kabalos iniciacijos.
- **Afrika** – politinės kraujo sutartys, protėvių dvasių derybos dėl valdžios, aukšto lygio raganų aljansai.
- **Azija** – apšviestos visuomenės, drakonų dvasių paktai, su senovės magija susijusios kraujo linijų dinastijos.
- **Lotynų Amerika** – politinė santerija, su karteliais susijusi ritualinė apsauga, sėkmės ir imuniteto paktai.
- **Artimieji Rytai** – senovės Babilono, Asirijos apeigos, perduodamos po religiniu ar karališku įvaizdžiu.

Liudijimas – masono anūkas atranda laisvę

Carlosas, užaugęs įtakingoje Argentinos šeimoje, niekada nežinojo, kad jo senelis pasiekė 33-iąjį masonų laipsnį. Jo gyvenimą kamavo keisti reiškiniai – miego paralyžius, santykių sabotažas ir nuolatinis nesugebėjimas tobulėti, kad ir kaip stengtųsi.

Išklausęs išlaisvinimo mokymą, kuriame buvo atskleisti elito okultiniai ryšiai, jis susidūrė su savo šeimos istorija ir rado masonų regalijas bei paslėptus žurnalus. Per vidurnakčio pasninką jis atsisakė visų kraujo sandorų ir paskelbė laisvę Kristuje. Tą pačią savaitę jis gavo darbo proveržį, kurio laukė metų metus.

Aukšto lygio altoriai sukuria aukšto lygio opoziciją, bet **Jėzaus kraujas** kalba garsiau nei bet kokia priesaika ar ritualas.

Veiksmų planas – paslėptos ložės demaskavimas

1. **Ištirkite** : Ar jūsų giminėje yra masonų, ezoterinių ar slaptų ryšių?
2. **Atsisakykite** kiekvienos žinomos ir nežinomos sandoros, remdamiesi pareiškimais, paremtais Mato 10:26–28.
3. **Sudeginkite arba pašalinkite** bet kokius okultinius simbolius: piramides, viską matančias akis, kompasus, obeliskus, žiedus ar apsiaustus.
4. **Garsiai melskitės** :

„*Aš laužau visus slaptus susitarimus su slaptomis draugijomis, šviesos kultais ir netikromis brolijomis. Aš tarnauju tik Viešpačiui Jėzui Kristui.*"

Grupės paraiška

- Paprašykite narių užsirašyti visus žinomus ar įtariamus ryšius su elitu, susijusiais su okultizmu.
- Atlikite **simbolinį ryšių nutraukimo aktą** – plėšykite popierius, deginkite atvaizdus arba patepkite jų kaktas kaip atsiskyrimo antspaudą.
- Remdamiesi **2 psalme** , paskelbkite apie nacionalinių ir šeimų sąmokslų prieš Viešpaties pateptąjį sugriovimą.

Pagrindinė įžvalga

Didžiausias šėtono gniaužtas dažnai slypi slaptume ir prestiže. Tikroji laisvė prasideda tada, kai tuos aukurus demaskuojate, atsisakote ir išstumiate garbinimu ir tiesa.

Apmąstymų žurnalas

- Ar paveldėjau turtus, galią ar galimybes, kurios dvasiškai atrodo „nepatogios"?
- Ar mano protėviuose yra slaptų ryšių, kuriuos ignoravau?
- Kiek man kainuos nutraukti bedievišką prieigą prie valdžios – ir ar aš tam noriu?

Išvadavimo malda

Tėve, aš išeinu iš kiekvienos paslėptos trobelės, altoriaus ir susitarimo – savo vardu arba savo kraujo linijos vardu. Aš nutraukiu kiekvieną sielos ryšį, kiekvieną kraujo ryšį ir kiekvieną priesaiką, duotą sąmoningai ar nesąmoningai. Jėzau, Tu esi mano vienintelė Šviesa, mano vienintelė Tiesa ir mano vienintelis priedanga. Tegul Tavo ugnis sunaikina kiekvieną bedievišką ryšį su valdžia, įtaka ar apgaule. Aš gaunu visišką laisvę, Jėzaus vardu. Amen.

27 DIENA: NETŠVENTOS SĄJUNGA – LAISVOJI MASONERIJA, ILUMINATAI IR DVASINĖ INFLITRACIJA

„**N**eprisidėkite prie bergždžių tamsos darbų, verčiau juos atskleiskite." (Efeziečiams 5:11)

„Jūs negalite gerti Viešpaties taurės ir demonų taurės." (1 Korintiečiams 10:21)

Yra slaptų draugijų ir pasaulinių tinklų, kurie save pristato kaip nekenksmingas broliškas organizacijas – siūlančias labdarą, ryšius ar nušvitimą. Tačiau už uždangos slypi gilesnės priesaikos, kraujo ritualai, sielų ryšiai ir liuciferietiškos doktrinos sluoksniai, pridengti „šviesa".

Masonai, iliuminatai, „Eastern Star", „Skull and Bones" ir jų seseriniai tinklai yra ne tik socialiniai klubai. Tai ištikimybės altoriai – kai kurie iš jų gyvuoja jau šimtmečius – skirti dvasiškai infiltruotis į šeimas, vyriausybes ir net bažnyčias.

Pasaulinis pėdsakas

- **Šiaurės Amerika ir Europa** – masonų šventyklos, Škotijos apeigų ložės, Jeilio „Skull & Bones".
- **Afrika** – politinės ir karališkosios iniciacijos su masonų apeigomis, kraujo sutartys dėl apsaugos ar valdžios.
- **Azija** – kabalos mokyklos, pridengtos mistiniu nušvitimu, slaptais vienuolynų ritualais.
- **Lotynų Amerika** – paslėpti elitiniai ordinai, santerija susiliejo su elito įtaka ir kraujo paktais.
- **Artimieji Rytai** – senovės Babilono slaptos draugijos, susijusios su valdžios struktūromis ir netikro šviesos garbinimu.

ŠIE TINKLAI DAŽNAI:

- Reikalauti kraujo arba žodinių priesaikų.
- Naudokite okultinius simbolius (kompasus, piramides, akis).
- Atlikti ceremonijas, skirtas iškviesti arba pašvęsti savo sielą ordinui.
- Suteikti įtaką ar turtus mainais už dvasinę kontrolę.

Liudijimas – vyskupo išpažintis

žemesniame lygmenyje įstojo į masonus – tiesiog dėl „ryšių". Tačiau kylant karjeros laiptais, jis ėmė matyti keistus reikalavimus: tylos priesaiką, ceremonijas su raiščiais akims ir simboliais bei „šviesą", kuri atšaldė jo maldos gyvenimą. Jis nustojo svajoti. Jis negalėjo skaityti Šventojo Rašto.

Atgailavęs ir viešai pasmerkęs kiekvieną rangą ir įžadą, dvasinis rūkas išsisklaidė. Šiandien jis drąsiai skelbia Kristų, atskleisdamas tai, kuo kadaise pats dalyvavo. Grandinės buvo nematomos – kol nebuvo sulaužytos.

Veiksmų planas – Masonų ir slaptųjų draugijų įtakos laužymas

1. **Nurodykite** bet kokį asmeninį ar šeimos ryšį su masonais, rozenkreiceriais, kabala, „Kaukolės ir kaulų" ordinais ar panašiais slaptais ordinais.
2. **Atsisakykite kiekvieno iniciacijos lygio ar laipsnio** nuo 1 iki 33 ar aukštesnio, įskaitant visus ritualus, žetonus ir priesaikas. (Vadovaujamų išsivadavimo atsisakymų galite rasti internete.)
3. **Melskitės su autoritetu** :

„Aš nutraukiu kiekvieną sielos ryšį, kraujo sandorą ir priesaiką, duotą slaptoms draugijoms – mano ar mano vardu. Aš susigrąžinu savo sielą Jėzui Kristui!"

1. **Sunaikink simbolinius daiktus** : regalijas, knygas, sertifikatus, žiedus ar įrėmintus atvaizdus.
2. **Skelbkite** laisvę naudodami:
    - *Galatams 5:1*
    - *Psalmė 2:1–6*

- *Izaijo 28:15–18*

Grupės paraiška

- Paprašykite grupės užmerkti akis ir paprašyti Šventosios Dvasios atskleisti bet kokius slaptus ryšius su kitais asmenimis ar šeima.
- Įmonių atsisakymas: melskitės, kad pasmerktumėte bet kokį žinomą ar nežinomą ryšį su elitiniais ordinais.
- Naudokite komuniją, kad užantspauduotumėte sandorų nutraukimą ir vėl jas suderintumėte su Kristumi.
- Patepkite galvas ir rankas – atkurkite proto aiškumą ir šventus darbus.

Pagrindinė įžvalga

Ką pasaulis vadina „elitu", Dievas gali pavadinti bjaurastimi. Ne visa įtaka yra šventa – ir ne visa šviesa yra šviesa. Nėra tokio dalyko kaip nekenksminga paslaptis, kai kalbama apie dvasines priesaikas.

Apmąstymų žurnalas

- Ar buvau slaptų ordinų ar mistinių nušvitimo grupių narys arba domėjausi jais?
- Ar yra dvasinio aklumo, sąstingio ar šaltumo įrodymų mano tikėjime?
- Ar man reikia drąsiai ir grakščiai spręsti šeimos problemas?

Laisvės malda

Viešpatie Jėzau, aš ateinu pas Tave kaip vienintelė tikroji Šviesa. Aš atsisakau visų ryšių, kiekvienos priesaikos, kiekvienos melagingos šviesos ir kiekvieno paslėpto ordino, kuris mane laiko savavališku. Aš nutraukiu masonerija, slaptas draugijas, senovės brolijas ir kiekvieną dvasinį ryšį, susijusį su tamsa. Aš pareiškiu, kad esu po vien Jėzaus krauju – užantspauduotas, išlaisvintas ir laisvas. Leisk Tavo Dvasiai sudeginti visas šių sandorų liekanas. Jėzaus vardu, amen.

28 DIENA: KABALOS, ENERGIJOS TINKLAI IR MISTINĖS „ŠVIESOS" VILUŽYS

„N*es pats šėtonas apsimeta šviesos angelu."* (2 Korintiečiams 11:14)
„*Šviesa tavyje yra tamsa – kokia gili toji tamsa!"* (Luko 11:35)

Dvasinio nušvitimo apsėstame amžiuje daugelis nesąmoningai pasineria į senovės kabalistines praktikas, energetinį gydymą ir mistinius šviesos mokymus, įsišaknijusius okultinėse doktrinose. Šie mokymai dažnai maskuojami kaip „krikščioniškasis misticizmas", „žydų išmintis" arba „mokslu pagrįstas dvasingumas", tačiau jie kilę iš Babilono, o ne iš Siono.

Kabala – tai ne tik žydų filosofinė sistema; tai dvasinė matrica, sukurta remiantis slaptais kodais, dieviškomis emanacijomis (sfirotomis) ir ezoteriniais keliais. Tai ta pati viliojanti apgaulė, slypinti už taro kortų, numerologijos, zodiako portalų ir Naujojo Amžiaus tinklelių.

Daugelis įžymybių, influencerių ir verslo magnatų nešioja raudonus raištelius, medituoja su kristalų energija arba seka Zoharu, nežinodami, kad dalyvauja nematomoje dvasinių spąstų sistemoje.

Pasauliniai įsipainiojimai

- **Šiaurės Amerika** – kabalos centrai, užmaskuoti kaip sveikatingumo erdvės; vedamos energetinės meditacijos.
- **Europa** – druidų kabala ir ezoterinė krikščionybė buvo mokoma slaptuose ordinuose.
- **Afrika** – klestėjimo kultai, derinantys šventraščius su numerologija ir energijos portalais.
- **Azijoje** čakrų gydymas pervadintas į „šviesos aktyvavimą", suderintą su universaliais kodais.
- **Lotynų Amerika** – šventieji, sumaišyti su kabalistiniais arkangelais

mistinėje katalikybėje.

Tai netikros šviesos vilionė – kur žinojimas tampa dievu, o apšvietimas – kalėjimu.

Tikras liudijimas – ištrūkimas iš „šviesos spąstų"
Marisol, verslo konsultantė iš Pietų Amerikos, manė, kad atrado tikrąją išmintį per numerologiją ir „dieviškosios energijos tėkmę", kurią jai davė kabalistinis mentorius. Jos sapnai tapo ryškūs, vizijos – aštrios. Bet ramybė? Dingo. Jos santykiai? Griūva.

Nepaisant kasdienių „šviesos maldų", ją miegodama kankino šešėlinės būtybės. Draugas jai atsiuntė vaizdo įrašą su liudijimu apie buvusį mistiką, kuris sutiko Jėzų. Tą naktį Marisol šaukėsi Jėzaus. Ji pamatė akinančiai baltą šviesą – ne mistinę, o tyrą. Sugrįžo ramybė. Ji sunaikino savo turtą ir pradėjo savo išsivadavimo kelionę. Šiandien ji vadovauja Kristumi paremtai mentorystės platformai moterims, įstrigusioms dvasinėje apgaulėje.

Veiksmų planas – Atsisakyti klaidingo apšvietimo

1. **Įvertinkite** savo poveikį: ar skaitėte mistines knygas, praktikavote energetinį gydymą, sekėte horoskopus ar nešiojote raudonus raištelius?
2. **Atgailaukite**, kad ieškojote šviesos už Kristaus ribų.
3. **Nutraukti ryšius** su:
    - Kabalos/Zoharo mokymai
    - Energetinė medicina arba šviesos aktyvinimas
    - Angelo iškvietimai arba vardo dekodavimas
    - Šventoji geometrija, numerologija arba „kodai"
4. **Garsiai melskitės**:

„Jėzau, Tu esi pasaulio šviesa. Aš atsisakau kiekvienos klaidingos šviesos, kiekvieno okultinio mokymo ir kiekvienos mistinės spąsto. Grįšiu pas Tave kaip pas vienintelį savo tiesos šaltinį!"

1. **Rašto eilutės, kurias reikia paskelbti**:
    - Jono 8:12
    - Pakartoto Įstatymo 18:10–12

- Izaijo 2:6
- 2 Korintiečiams 11:13–15

Grupės paraiška

- Paklauskite: Ar jūs (ar jūsų šeima) kada nors dalyvavote Naujojo Amžiaus, numerologijos, kabalos ar mistiniuose „šviesos" mokymuose ar buvote su jais susidūrę?
- Grupinis klaidingos šviesos atsisakymas ir atsidavimas Jėzui kaip vienintelei Šviesai.
- Naudokite druskos ir šviesos simbolius – duokite kiekvienam dalyviui žiupsnelį druskos ir žvakę, kad jis pareikštų: „Aš esu druska ir šviesa tik Kristuje".

Pagrindinė įžvalga
Ne visa šviesa yra šventa. Tai, kas apšviečia už Kristaus ribų, galiausiai viską prarys.

Apmąstymų žurnalas

- Ar ieškojau žinių, galios ar išgijimo už Dievo Žodžio ribų?
- Kokių dvasinių įrankių ar mokymų man reikia atsikratyti?
- Ar yra kas nors, ką supažindinau su Naujuoju Amžiumi arba „šviesos" praktikomis ir dabar turėčiau su juo sugrįžti?

Išvadavimo malda
Tėve, aš sutariu su kiekviena netikro šviesos, misticizmo ir slaptų žinių dvasia. Aš atsižadu kabalos, numerologijos, šventosios geometrijos ir kiekvieno tamsaus kodo, apsimetančio šviesa. Skelbiu, kad Jėzus yra mano gyvenimo Šviesa. Aš nueinu nuo apgaulės kelio ir žengiu į tiesą. Apvalyk mane Savo ugnimi ir pripildyk mane Šventąja Dvasia. Jėzaus vardu. Amen.

29 DIENA: ILUMINATI ŠYDAS – ELITO OKULTISTINIŲ TINKLŲ DEMASKAVIMAS

„*Žemės karaliai sustoja, valdovai susibūrė prieš Viešpatį ir Jo Pateptąjį.*" (Psalmyno 2:2)

„*Nėra nieko paslėpta, kas nebūtų atskleista, ir nieko paslėpta, kas nepasidarytų šviesa.*" (Luko 8:17)

Mūsų pasaulyje yra pasaulis. Paslėptas visiems matomoje vietoje.

Nuo Holivudo iki didžiųjų finansų, nuo politinių koridorių iki muzikos imperijų – tamsių aljansų ir dvasinių sutarčių tinklas valdo sistemas, kurios formuoja kultūrą, mintis ir galią. Tai daugiau nei sąmokslas – tai senovės maištas, perpakuotas šiuolaikinei scenai.

Iliuminatai iš esmės yra ne tik slapta draugija – tai liuciferio darbotvarkė. Dvasinė piramidė, kurioje viršuje esantys prisiekia ištikimybę per kraują, ritualus ir sielų mainus, dažnai įvilktus į simbolius, madą ir popkultūrą, siekiant sąlygoti mases.

Tai ne apie paranoją. Tai apie sąmoningumą.

TIKRA ISTORIJA – KELIONĖ nuo šlovės iki tikėjimo

Markusas buvo kylanti muzikos prodiuseris JAV. Kai trečiasis jo didelis hitas pasiekė topų viršūnes, jis buvo pristatytas išskirtiniam klubui – įtakingi vyrai ir moterys, dvasiniai „mentoriai", slaptos sutartys. Iš pradžių tai atrodė kaip elitinė mentorystė. Tada atėjo „iššaukimo" seansai – tamsūs kambariai, raudonos šviesos, giesmės ir veidrodžio ritualai. Jis pradėjo patirti keliones už kūno ribų, balsus, naktimis jam šnabždančius dainas.

Vieną naktį, veikiamas įtakos ir kankinimo, jis bandė atimti sau gyvybę. Tačiau įsikišo Jėzus. Meldžiančios močiutės užtarimas prasiveržė pro šalį. Jis pabėgo, atsižadėjo sistemos ir pradėjo ilgą išlaisvinimo kelionę. Šiandien jis atskleidžia industrijos tamsą per muziką, kuri liudija apie šviesą.

PASLĖPTOS KONTROLĖS sistemos

- **Kraujo aukos ir seksualiniai ritualai** – Įšventinimas į valdžią reikalauja mainų: kūno, kraujo arba nekaltumo.
- **Proto programavimas (MK Ultra modeliai)** – naudojamas žiniasklaidoje, muzikoje, politikoje, siekiant sukurti susiskaldžiusias tapatybes ir veikėjus, kurie juos valdo.
- **Simbolika** – piramidės formos akys, feniksai, languotos grindys, pelėdos ir apverstos žvaigždės – ištikimybės vartai.
- **Liuciferio doktrina** – „Daryk, ką nori", „Tapk savo dievu", „ Šviesos nešėjo nušvitimas".

Veiksmų planas – išsivadavimas iš elitinių tinklų

1. **Atgailaukite** už dalyvavimą bet kokioje sistemoje, susijusioje su okultiniu įgalinimu, net ir nesąmoningai (muzika, žiniasklaida, sutartys).
2. **atsisakykite** šlovės, paslėptų sandorų ar susižavėjimo elitiniu gyvenimo būdu.
3. **Melskitės už** kiekvieną sutartį, prekės ženklą ar tinklą, kuriam priklausote . Prašykite Šventosios Dvasios atskleisti paslėptus ryšius.
4. **Garsiai pareikškite** :

„Aš atmetu visas tamsos sistemas, priesaikas ir simbolius. Aš priklausau Šviesos karalystei. Mano siela neparduodama!"

1. **Inkariniai Raštai** :
    - Izaijo 28:15–18 – Sandora su mirtimi negalios
    - 2 psalmė – Dievas juokiasi iš nedorų sąmokslų
    - 1 Korintiečiams 2:6–8 – Šio amžiaus valdovai nesupranta Dievo išminties

GRUPĖS PARAIŠKA

- Vadovaukite grupei **simbolių valymo** sesijoje – atsineškite paveikslėlių ar logotipų, apie kuriuos dalyviai turi klausimų.
- Paraginkite žmones pasidalinti, kur jie matė iliuminatų ženklus popkultūroje ir kaip tai suformavo jų požiūrį.
- Pakvieskite dalyvius **iš naujo atsidėti savo įtakai** (muzikai, madai, žiniasklaidai) Kristaus tikslui.

Pagrindinė įžvalga

Galingiausia apgaulė yra ta, kuri slepiasi žavesiu. Tačiau nuėmus kaukę, grandinės nutrūksta.

Apmąstymų žurnalas

- Ar mane traukia simboliai ar judesiai, kurių iki galo nesuprantu?
- Ar daviau įžadus ar susitarimus siekdamas įtakos ar šlovės?
- Kurią savo dovanos ar platformos dalį turiu vėl atiduoti Dievui?

Laisvės malda

Tėve, aš atmetu visas paslėptas iliuminatų ir elitinių okultistų struktūras, priesaikas ir įtaką. Aš atsisakau šlovės be Tavęs, galios be tikslo ir žinių be Šventosios Dvasios. Aš atšaukiu kiekvieną kraujo ar žodžio sandorą, kuri kada nors buvo sudaryta virš manęs, sąmoningai ar nesąmoningai. Jėzau, aš paskelbiu Tave Viešpačiu savo protui, dovanoms ir likimui. Atskleisk ir sunaikink kiekvieną nematomą grandinę. Tavo vardu aš keliuosi ir vaikščioju šviesoje. Amen.

30 DIENA: PASLAPTIES MOKYKLOS – SENOVĖS PASLAPTYS, ŠIUOLAIKINIS VERGINIMAS

„Jų gerklės – atviri kapai, jų liežuviai kalba apgaulę. Ant jų lūpų – angių nuodai." – Romiečiams 3:13.
„Nevadinkite sąmokslu visko, ką ši tauta vadina, sąmokslu; nebijokite to, ko jie bijo... Galybių Viešpatį jūs turite laikyti šventu..." – Izaijo 8:12–13.

Gerokai prieš iliuminatus egzistavo senovės misterijų mokyklos – Egipte, Babilone, Graikijoje, Persijoje – skirtos ne tik perduoti „žinias", bet ir pažadinti antgamtinę galią per tamsius ritualus. Šiandien šios mokyklos atgimsta elitiniuose universitetuose, dvasinėse rekolekcijose, „sąmoningumo" stovyklose, netgi internetiniuose mokymo kursuose, maskuojamuose kaip asmeninis tobulėjimas ar aukšto lygio sąmonės pabudimas.

Nuo kabalos ratų iki teosofijos, hermetinių ordinų ir rozenkreicerizmo – tikslas tas pats: „tapti panašiems į dievus", pažadinti latentinę galią nepasiduodant Dievui. Paslėptos giesmės, šventoji geometrija, astralinė projekcija, kankorėžinės liaukos atrakinimas ir apeiginiai ritualai daugelį įtraukia į dvasinę vergiją, prisidengdami „šviesa".

Tačiau kiekviena „šviesa", neįsišaknijusi Jėzuje, yra netikra šviesa. Ir kiekviena paslėpta priesaika turi būti sulaužyta.

Tikra istorija – nuo įgudusio iki apleisto

Sandra*, Pietų Afrikos Respublikos sveikatingumo trenerė, buvo įšventinta į Egipto misterijų ordiną per mentorystės programą. Mokymai apėmė čakrų derinimą, saulės meditacijas, mėnulio ritualus ir senovės išminties ritinių skaitymą. Ji pradėjo patirti „atsisiuntimus" ir „pakilimus", tačiau netrukus tai virto panikos priepuoliais, miego paralyžiumi ir savižudybės epizodais.

Kai išlaisvinimo tarnas atskleidė šaltinį, Sandra suprato, kad jos siela surišta įžadais ir dvasinėmis sutartimis. Atsisakymas ordino reiškė pajamų ir ryšių praradimą, tačiau ji atgavo laisvę. Šiandien ji vadovauja gydymo centrui, kurio centre yra Kristus, ir įspėja kitus apie Naujojo Amžiaus apgaulę.

Bendros šių dienų paslapčių mokyklų gijos

- **Kabalos ratai** – žydų misticizmas, sumaišytas su numerologija, angelų garbinimu ir astralinėmis plotmėmis.
- **Hermetizmas** – doktrina „Kaip viršuje, taip ir apačioje", suteikianti sielai galią manipuliuoti realybe.
- **Rozenkreiceriai** – slapti ordinai, susiję su alcheminiu virsmu ir dvasių pakylėjimu.
- **Masonai ir ezoterinės brolijos** – daugiasluoksnė progresija į paslėptą šviesą; kiekvienas laipsnis saistomas priesaikų ir ritualų.
- **Dvasinės rekolekcijos** – psichodelinės „nušvitimo" ceremonijos su šamanais arba „gidais".

Veiksmų planas – senovinių jungų sulaužymas

1. **Atsisakykite** visų sandorų, sudarytų per iniciacijas, kursus ar dvasines sutartis už Kristaus ribų.
2. **Atšaukti** kiekvieno „šviesos" ar „energijos" šaltinio, kuris nėra įsišaknijęs Šventojoje Dvasioje, galią.
3. **Išvalykite** savo namus nuo simbolių: ankhų, Horo akies, šventosios geometrijos, altorių, smilkalų, statulų ar ritualinių knygų.
4. **Garsiai paskelbkite**:

„Aš atmetu kiekvieną senovinį ir šiuolaikinį kelią į klaidingą šviesą. Aš paklūstu Jėzui Kristui, tikrajai Šviesai. Kiekviena slapta priesaika sulaužyta Jo krauju."

INKARINIAI RAŠTAI

- Kolosiečiams 2:8 – Jokios tuščios ir apgaulingos filosofijos
- Jn 1, 4–5 – Tikroji šviesa šviečia tamsoje
- 1 Korintiečiams 1:19–20 – Dievas sunaikina išmintingųjų išmintį

GRUPĖS PARAIŠKA

- Surengti simbolinį „ritinių deginimo" vakarą (Apd 19, 19) – kai grupės nariai atneša ir sunaikina visas okultizmo knygas, papuošalus, daiktus.
- Melskitės už žmones, kurie meditacijos metu „atsisiuntė" keistas žinias arba atvėrė trečiosios akies čakras.
- Paprašykite dalyvių atlikti **„šviesos perdavimo"** maldą – paprašykite Šventosios Dvasios perimti kiekvieną sritį, kuri anksčiau buvo atiduota okultinei šviesai.

PAGRINDINĖ ĮŽVALGA

Dievas neslepia tiesos mįslėse ir ritualuose – Jis ją apreiškia per savo Sūnų. Saugokitės „šviesos", kuri jus įtraukia į tamsą.

APMĄSTYMŲ ŽURNALAS

- Ar įstojau į kokią nors internetinę ar fizinę mokyklą, kurioje žadama senovės išmintis, aktyvavimo ar paslaptingos galios?
- Ar yra knygų, simbolių ar ritualų, kuriuos anksčiau laikiau nekenksmingais, bet dabar jaučiuosi dėl jų kaltas?
- Kur labiau ieškojau dvasinės patirties nei ryšio su Dievu?

Išvadavimo malda

Viešpatie Jėzau, Tu esi Kelias, Tiesa ir Šviesa. Atgailauju už kiekvieną savo pasirinktą kelią, apeinantį Tavo Žodį. Atsisakau visų misterijų mokyklų, slaptų ordinų, priesaikų ir iniciacijų. Nutraukiu sielos ryšius su visais vadovais, mokytojais, dvasiomis ir sistemomis, įsišaknijusiomis senovės apgaulėje. Apšviesk savo šviesa kiekvieną paslėptą mano širdies vietą ir pripildyk mane Tavo Dvasios tiesa. Jėzaus vardu aš einu laisvas. Amen.

31 DIENA: KABALOS, ŠVENTOJI GEOMETRIJA IR ELITO ŠVIESOS APGAULYSTĖ

„N*es pats šėtonas apsimeta šviesos angelu.*" (2 Korintiečiams 11:14)
„*Paslėpti dalykai priklauso Viešpačiui, mūsų Dievui, o apreikšti dalykai – mums...*" (Pakartoto Įstatymo 29:29)

Mūsų dvasinių žinių paieškose slypi pavojus – „paslėptos išminties" pagunda, žadanti galią, šviesą ir dieviškumą atskirai nuo Kristaus. Nuo įžymybių ratų iki slaptų ložių, nuo meno iki architektūros – apgaulės modelis vingiuoja per visą pasaulį, įtraukdamas ieškotojus į ezoterinį **kabalos**, **šventosios geometrijos** ir **misterinių mokymų tinklą**.

Tai nėra nekalti intelektualiniai tyrinėjimai. Tai įėjimas į dvasines sandoras su puolusiais angelais, apsimetančiais šviesa.

PASAULINĖS MANIFESTACIJOS

- **Holivudas ir muzikos industrija** – daugelis įžymybių atvirai nešioja kabalos apyrankes arba tatuiruotės šventus simbolius (pvz., Gyvybės medį), kurie siekia okultinį žydų misticizmą.
- **Mada ir architektūra** – masonų dizainas ir sakraliniai geometriniai raštai (Gyvybės gėlė, heksagramos, Horo akis) įterpiami į drabužius, pastatus ir skaitmeninį meną.
- **Artimieji Rytai ir Europa** – Kabalos studijų centrai klesti tarp elito, dažnai derindami misticizmą su numerologija, astrologija ir angelų iškvietimais.
- **Internetiniai ir „New Age" ratai visame pasaulyje** – „YouTube",

„TikTok" ir tinklalaidės normalizuoja „šviesos kodus", „energijos portalus", „3–6–9 vibracijas" ir „dieviškosios matricos" mokymus, pagrįstus sakraline geometrija ir kabalistinėmis struktūromis.

Tikra istorija – kai šviesa tampa melu
Jana, 27 metų moteris iš Švedijos, pradėjo tyrinėti kabalą po to, kai pasekė savo mėgstamos dainininkės, kuri ją priskyrė jos „kūrybiniam pabudimui", pavyzdžiu. Ji nusipirko raudoną virvelės apyrankę, pradėjo medituoti su geometrinėmis mandalomis ir studijavo angelų vardus iš senovės hebrajų tekstų.

Reikalai ėmė keistis. Jos sapnai darėsi keisti. Miegodama ji jautė šalia savęs būtybes, kurios šnabždėjo išmintį – o paskui reikalavo kraujo. Šešėliai sekė paskui ją, bet ji troško daugiau šviesos.

Galiausiai ji internete aptiko išlaisvinimo vaizdo įrašą ir suprato, kad jos kančia buvo ne dvasinis pakylėjimas, o dvasinė apgaulė. Po šešių mėnesių išlaisvinimo seansų, pasninko ir visų kabalistinių daiktų deginimo namuose, ji pradėjo grįžti ramybėje. Dabar ji perspėja kitus savo tinklaraštyje: „Klaidinga šviesa mane beveik sunaikino."

KELIO ATPAŽINIMAS

Kabala, nors kartais ir rengiasi religiniais drabužiais, atmeta Jėzų Kristų kaip vienintelį kelią pas Dievą. Ji dažnai išaukština **„dieviškąjį aistrą"**, skatina **kanalizavimą** ir **gyvybės medžio kilimą**, o **matematinį mistiką** naudoja galiai iškviesti. Ši praktika atveria **dvasinius vartus** – ne į dangų, o į esybes, apsimetančias šviesos nešėjomis.

Daugelis kabalistinių doktrinų sutampa su:

- Masonai
- Rozenkreicerizmas
- Gnosticizmas
- Liuciferio nušvitimo kultai

Bendras vardiklis? Dievybės siekimas be Kristaus.
Veiksmų planas – klaidingos šviesos demaskavimas ir iškeldinimas

1. **Atgailaukite** dėl bet kokio bendravimo su kabala, numerologija, šventąja geometrija ar „paslapčių mokyklos" mokymais.
2. savo namuose su šiomis praktikomis susijusius **daiktus – mandalas, altorius, kabalos tekstus, krištolinius tinklelius, šventų simbolių papuošalus.**
3. **Atsisakykite netikro šviesos dvasių** (pvz., Metatrono, Razielio, mistiniu pavidalu pasitraukusių Šekinos) ir įsakykite kiekvienam netikram angelui išeiti.
4. **Pasinerkite** į Kristaus paprastumą ir pakankamumą (2 Korintiečiams 11:3).
5. **Pasninkaukite ir patepkite** save – akis, kaktą, rankas – atsisakydami visos klaidingos išminties ir išreikšdami savo ištikimybę tik Dievui.

Grupės paraiška

- Pasidalykite bet kokiais susidūrimais su „šviesos mokymais", numerologija, kabalos žiniasklaida ar šventais simboliais.
- Grupėje išvardykite frazes ar įsitikinimus, kurie skamba kaip „dvasingi", bet prieštarauja Kristui (pvz., „Aš esu dieviškas", „visata aprūpina", „Kristaus sąmonė").
- Patepkite kiekvieną asmenį aliejumi, skelbdami Jono 8:12: *„Jėzus yra pasaulio šviesa".*
- Sudeginkite arba išmeskite visas medžiagas ar objektus, susijusius su šventąja geometrija, misticizmu ar „dieviškaisiais kodais".

PAGRINDINĖ ĮŽVALGA

Šėtonas neateina pirmas kaip naikintojas. Jis dažnai ateina kaip apšvietėjas – siūlydamas slaptas žinias ir klaidingą šviesą. Tačiau ta šviesa veda tik į gilesnę tamsą.

Apmąstymų žurnalas

- Ar atvėriau savo dvasią kokiai nors „dvasinei šviesai", kuri aplenkė Kristų?
- Ar yra simbolių, frazių ar objektų, kuriuos laikiau nekenksmingais, bet dabar atpažįstu kaip portalus?
- Ar aš iškėliau asmeninę išmintį aukščiau biblinės tiesos?

Išvadavimo malda

Tėve, aš atsižadu bet kokios klaidingos šviesos, mistinio mokymo ir slaptų žinių, kurios apraizgė mano sielą. Išpažįstu, kad tik Jėzus Kristus yra tikroji pasaulio šviesa. Atmetu kabalą, šventąją geometriją, numerologiją ir visas demonų doktrinas. Tegul kiekviena netikra dvasia dabar bus išrauta iš mano gyvenimo. Apvalyk mano akis, mintis, vaizduotę ir dvasią. Aš esu tik Tavo – dvasia, siela ir kūnas. Jėzaus vardu. Amen.

3 DIENA 2: GYVATĖS DVASIA VIDUJE – KAI IŠGELBĖJIMAS ATĖJA PER VĖLU

„Jų akys kupinos svetimavimo... jie suvilioja nestabilias sielas... jie pasekė Balaamo keliu... kuriam amžina tamsybės juoduma skirta." – 2 Petro 2:14–17.

„Neapsirikite: Dievas nesijuokia. Ką žmogus sėja, tą ir pjauna." – Galatams 6:7.

Egzistuoja demoniška klastotė, kuri demonstruoja nušvitimą. Ji gydo, suteikia energijos, įgalina – bet tik laikinai. Ji šnabžda dieviškas paslaptis, atveria „trečiąją akį", išlaisvina jėgą stubure – o tada **pavergia jus kančiomis**.

Tai **Kundalini**.

Gyvatės **dvasia**.

Netikra Naujojo Amžiaus „šventoji dvasia".

Kartą aktyvuota – per jogą, meditaciją, psichodelikus, traumas ar okultinius ritualus – ši jėga susisuka stuburo apačioje ir kyla kaip ugnis per čakras. Daugelis mano, kad tai dvasinis pabudimas. Tiesą sakant, tai **demoniškas apsėdimas**, užmaskuotas kaip dieviška energija.

Bet kas nutinka, kai tai **nepraeina**?

Tikra istorija – „Aš negaliu jo išjungti"

Marissa, jauna krikščionė moteris iš Kanados, prieš atiduodama savo gyvenimą Kristui, buvo užsiėmusi „krikščioniška joga". Ji mėgo ramius jausmus, vibracijas, šviesos vizijas. Tačiau po vieno intensyvaus seanso, kurio metu ji pajuto, kaip „užsidega" jos stuburas, ji aptemo ir pabudo negalėdama kvėpuoti. Tą naktį kažkas ėmė **kankinti jos miegą**, sukioti jos kūną, sapnuose pasirodydama kaip „Jėzus", bet iš jos tyčiodamasi.

Ji penkis kartus buvo **išgelbėta**. Dvasios išeidavo, bet sugrįždavo. Jos stuburas vis dar vibravo. Jos akys nuolat žvelgė į dvasių pasaulį. Jos kūnas nevalingai judėjo. Nepaisant išgelbėjimo, ji dabar ėjo per pragarą, kurį suprato nedaugelis krikščionių. Jos dvasia buvo išgelbėta, bet siela buvo **išniekinta, perskelta ir suskaidyta**.

Pasekmės, apie kurias niekas nekalba

- **Trečioji akis lieka atvira** : nuolatinės vizijos, haliucinacijos, dvasinis triukšmas, „angelai" kalba melą.
- **Kūnas nenustoja vibruoti** : nekontroliuojama energija, spaudimas kaukolėje, širdies permušimai.
- **Nesibaigiančios kančios** : net po 10+ išlaisvinimo seansų.
- **Izoliacija** : Pastoriai nesupranta. Bažnyčios ignoruoja problemą. Žmogus vadinamas „nestabiliu".
- **Pragaro baimė** : ne dėl nuodėmės, o dėl kankinimų, kurie nesibaigia.

Ar krikščionys gali pasiekti negrįžimo tašką?

Taip – šiame gyvenime. Jūs galite būti **išgelbėti**, bet taip susiskaldę, kad **jūsų siela kankinsis iki mirties**.

Tai ne gąsdinimas. Tai **pranašiškas įspėjimas**.

Pasauliniai pavyzdžiai

- **Afrika** – netikri pranašai pamaldų metu skleidžia Kundalini ugnį – žmonės konvulsuoja, putoja, juokiasi arba riaumoja.
- **Azijoje** jogos meistrai pakyla į „sidhi" (demonų apsėdimo) būseną ir vadina tai dievo sąmone.
- **Europa/Šiaurės Amerika** – neocharizmatiniai judėjimai, perteikiantys „šlovės karalystes", lojantys, juokiantys, nevaldomai krentantys – ne iš Dievo.
- **Lotynų Amerika** – šamanų pabudimai, naudojant ajahuaską (augalinius narkotikus), kad atvertų dvasines duris, kurių jie negali uždaryti.

VEIKSMŲ PLANAS – JEI nuėjote per toli

1. **Išpažinkite tikslų portalą** : Kundalini joga, trečiosios akies

meditacijos, Naujojo amžiaus bažnyčios, psichodelikai ir kt.
2. **Liaukitės vaikęsi išlaisvinimo** : Kai kurios dvasios kankinasi ilgiau, kai jas nuolat įkvepiate baime.
3. **KASDIEN įsitvirtinkite** Šventajame Rašte – ypač 119 psalmėje, Izaijo 61 ir Jono 1. Jie atnaujina sielą.
4. **Pasidalinkite bendruomene** : raskite bent vieną Šventosios Dvasios pripildytą tikintįjį, su kuriuo galėtumėte eiti kartu. Izoliacija suteikia jėgų demonams.
5. **Atsisakykite bet kokio dvasinio „regėjimo", ugnies, žinių, energijos** – net jei tai atrodo šventa.
6. **Prašykite Dievo pasigailėjimo** – ne kartą. Kasdien. Kas valandą. Atkakliai. Dievas gali to nepašalinti akimirksniu, bet Jis jus paims.

GRUPĖS PARAIŠKA

- Skirkite laiko tyliam apmąstymui. Paklauskite: Ar siekiau dvasinės galios, o ne dvasinio tyrumo?
- Melskitės už tuos, kurie kenčia nepaliaujamas kančias. Nežadėkite momentinės laisvės – pažadėkite **mokinystę** .
- Mokykite skirtumo tarp **Dvasios vaisių** (Galatams 5:22–23) ir **dvasinių apraiškų** (drebėjimo, karščio, regėjimų).
- Sudeginkite arba sunaikinkite kiekvieną naujojo amžiaus objektą: čakrų simbolius, kristalus, jogos kilimėlius, knygas, aliejus, „Jėzaus korteles".

Pagrindinė įžvalga

Yra **riba**, kurią galima peržengti – kai siela tampa atvirais vartais ir atsisako jų užsidaryti. Jūsų dvasia gali būti išgelbėta... bet jūsų siela ir kūnas vis tiek gali kentėti, jei jus suteršė okultinė šviesa.

Apmąstymų žurnalas

- Ar kada nors labiau siekiau galios, ugnies ar pranašiško regėjimo nei šventumo ir tiesos?
- Ar atvėriau duris per „sukrikščionintas" naujojo amžiaus praktikas?
- Ar esu pasirengęs **kasdien vaikščioti** su Dievu, net jei visiškas išvadavimas užtruktų metus?

Išlikimo malda

Tėve, šaukiuosi gailestingumo. Aš atsižadu kiekvienos gyvatės dvasios, Kundalini galios, trečiosios akies atvėrimo, netikros ugnies ar naujojo amžiaus klastotės, kurią kada nors esu prisilietęs. Atiduodu savo sielą – tokią sudaužytą, kokia ji yra – Tau. Jėzau, gelbėk mane ne tik nuo nuodėmės, bet ir nuo kančios. Užrakink mano vartus. Išgydyk mano protą. Užmerk mano akis. Sutraiškyk gyvatę mano stubure. Laukiu Tavęs net ir skausme. Ir nepasiduosiu. Jėzaus vardu. Amen.

33 DIENA: GYVATĖS DVASIA VIDUJE – KAI IŠGELBĖJIMAS ATĖJA PER VĖLU

„*Jų akys kupinos svetimavimo... jie suvilioja nestabilias sielas... jie pasekė Balaamo keliu... kuriam amžina tamsybės juoduma skirta.*" – 2 Petro 2:14–17.

„*Neapsirikite: Dievas nesijuokia. Ką žmogus sėja, tą ir pjauna.*" – Galatams 6:7.

Egzistuoja demoniška klastotė, kuri demonstruoja nušvitimą. Ji gydo, suteikia energijos, įgalina – bet tik laikinai. Ji šnabžda dieviškas paslaptis, atveria „trečiąją akį", išlaisvina jėgą stubure – o tada **pavergia jus kančiomis**.

Tai **Kundalini**.

Gyvatės **dvasia**.

Netikra Naujojo Amžiaus „šventoji dvasia".

Kartą aktyvuota – per jogą, meditaciją, psichodelikus, traumas ar okultinius ritualus – ši jėga susisuka stuburo apačioje ir kyla kaip ugnis per čakras. Daugelis mano, kad tai dvasinis pabudimas. Tiesą sakant, tai **demoniškas apsėdimas,** užmaskuotas kaip dieviška energija.

Bet kas nutinka, kai tai **nepraeina**?

Tikra istorija – „Aš negaliu jo išjungti"

Marissa, jauna krikščionė moteris iš Kanados, prieš atiduodama savo gyvenimą Kristui, buvo užsiėmusi „krikščioniška joga". Ji mėgo ramius jausmus, vibracijas, šviesos vizijas. Tačiau po vieno intensyvaus seanso, kurio metu ji pajuto, kaip „užsidega" jos stuburas, ji aptemo ir pabudo negalėdama kvėpuoti. Tą naktį kažkas ėmė **kankinti jos miegą**, sukioti jos kūną, sapnuose pasirodydama kaip „Jėzus", bet iš jos tyčiodamasi.

Ji penkis kartus buvo **išgelbėta**. Dvasios išeidavo, bet sugrįždavo. Jos stuburas vis dar vibravo. Jos akys nuolat žvelgė į dvasių pasaulį. Jos kūnas nevalingai judėjo. Nepaisant išgelbėjimo, ji dabar ėjo per pragarą, kurį suprato nedaugelis krikščionių. Jos dvasia buvo išgelbėta, bet siela buvo **išniekinta, perskelta ir suskaidyta**.

Pasekmės, apie kurias niekas nekalba

- **Trečioji akis lieka atvira** : nuolatinės vizijos, haliucinacijos, dvasinis triukšmas, „angelai" kalba melą.
- **Kūnas nenustoja vibruoti** : nekontroliuojama energija, spaudimas kaukolėje, širdies permušimai.
- **Nesibaigiančios kančios** : net po 10+ išlaisvinimo seansų.
- **Izoliacija** : Pastoriai nesupranta. Bažnyčios ignoruoja problemą. Žmogus vadinamas „nestabiliu".
- **Pragaro baimė** : ne dėl nuodėmės, o dėl kankinimų, kurie nesibaigia.

Ar krikščionys gali pasiekti negrįžimo tašką?
Taip – šiame gyvenime. Jūs galite būti **išgelbėti** , bet taip susiskaldę, kad **jūsų siela kankinsis iki mirties** .
Tai ne gąsdinimas. Tai **pranašiškas įspėjimas** .

Pasauliniai pavyzdžiai

- **Afrika** – netikri pranašai pamaldų metu skleidžia Kundalini ugnį – žmonės konvulsuoja, putoja, juokiasi arba riaumoja.
- **Azijoje** jogos meistrai pakyla į „sidhi" (demonų apsėdimo) būseną ir vadina tai dievo sąmone.
- **Europa/Šiaurės Amerika** – neocharizmatiniai judėjimai, perteikiantys „šlovės karalystes", lojantys, juokiantys, nevaldomai krentantys – ne iš Dievo.
- **Lotynų Amerika** – šamanų pabudimai, naudojant ajahuaską (augalinius narkotikus), kad atvertų dvasines duris, kurių jie negali uždaryti.

Veiksmų planas – jei nuėjote per toli

1. **Išpažinkite tikslų portalą** : Kundalini joga, trečiosios akies meditacijos, Naujojo amžiaus bažnyčios, psichodelikai ir kt.
2. **Liaukitės vaikęsi išlaisvinimo** : Kai kurios dvasios kankinasi ilgiau,

kai jas nuolat įkvepiate baime.
3. **KASDIEN įsitvirtinkite** Šventajame Rašte – ypač 119 psalmėje, Izaijo 61 ir Jono 1. Jie atnaujina sielą.
4. **Pasidalinkite bendruomene** : raskite bent vieną Šventosios Dvasios pripildytą tikintįjį, su kuriuo galėtumėte eiti kartu. Izoliacija suteikia jėgų demonams.
5. **Atsisakykite bet kokio dvasinio „regėjimo", ugnies, žinių, energijos** – net jei tai atrodo šventa.
6. **Prašykite Dievo pasigailėjimo** – ne kartą. Kasdien. Kas valandą. Atkakliai. Dievas gali to nepašalinti akimirksniu, bet Jis jus paims.

Grupės paraiška

- Skirkite laiko tyliam apmąstymui. Paklauskite: Ar siekiau dvasinės galios, o ne dvasinio tyrumo?
- Melskitės už tuos, kurie kenčia nepaliaujamas kančias. Nežadėkite momentinės laisvės – pažadėkite **mokinystę** .
- Mokykite skirtumo tarp **Dvasios vaisių** (Galatams 5:22–23) ir **dvasinių apraiškų** (drebėjimo, karščio, regėjimų).
- Sudeginkite arba sunaikinkite kiekvieną naujojo amžiaus objektą: čakrų simbolius, kristalus, jogos kilimėlius, knygas, aliejus, „Jėzaus korteles".

Pagrindinė įžvalga

Yra **riba**, kurią galima peržengti – kai siela tampa atvirais vartais ir atsisako jų užsidaryti. Jūsų dvasia gali būti išgelbėta... bet jūsų siela ir kūnas vis tiek gali kentėti, jei jus sutėršė okultinė šviesa.

Apmąstymų žurnalas

- Ar kada nors labiau siekiau galios, ugnies ar pranašiško regėjimo nei šventumo ir tiesos?
- Ar atvėriau duris per „sukrikščionintas" naujojo amžiaus praktikas?
- Ar esu pasirengęs **kasdien vaikščioti** su Dievu, net jei visiškas išvadavimas užtruktų metus?

Išlikimo malda

Tėve, šaukiuosi gailestingumo. Aš atsižadu kiekvienos gyvatės dvasios, Kundalini galios, trečiosios akies atvėrimo, netikros ugnies ar naujojo amžiaus klastotės, kurią kada nors esu prisilietęs. Atiduodu savo sielą – tokią sudaužytą, kokia ji yra – Tau. Jėzau, gelbėk mane ne tik nuo nuodėmės, bet ir nuo kančios. Užrakink mano vartus. Išgydyk mano protą. Užmerk mano akis. Sutraiškyk gyvatę mano stubure. Laukiu Tavęs net ir skausme. Ir nepasiduosiu. Jėzaus vardu. Amen.

34 DIENA: MŪSONAI, KODAI IR PRAKEIKIMAI – Kai brolybė tampa nelaisve

„**N**esidalykite nevaisingais tamsos darbais, verčiau juos demaskuokite." (Efeziečiams 5:11)

„Nesudarykite sandoros su jais ar su jų dievais." (Išėjimo 23:32)

Slaptos draugijos žada sėkmę, ryšius ir senovės išmintį. Jos siūlo **priesaikas, laipsnius ir paslaptis,** perduodamas „geriems žmonėms". Tačiau dauguma nesuvokia: šios draugijos yra **sandoros altoriai**, dažnai pastatyti ant kraujo, apgaulės ir demoniškos ištikimybės.

Nuo masonų iki kabalos, nuo rozenkreicerių iki „Skull & Bones" – šios organizacijos tėra klubai. Tai **dvasinės sutartys**, sudarytos tamsoje ir užantspauduotos ritualais, kurie **prakeikia kartas**.

Vieni prisijungė noriai. Kitų protėviai tai darė.

Bet kuriuo atveju prakeiksmas lieka – kol bus sulaužytas.

Paslėptas palikimas – Jasono istorija

Džeisonas, sėkmingas bankininkas JAV, turėjo viską, kas jam tiko – gražią šeimą, turtus ir įtaką. Tačiau naktimis jis pabusdavo springdamas, sapnuose matydamas figūras su gobtuvais ir girdėdamas užkeikimus. Jo senelis buvo 33 laipsnio masonas, ir Džeisonas vis dar nešiojo žiedą.

Kartą jis juokaudamas tarė masonų įžadus klubo renginyje, bet tą akimirką **kažkas jį užvaldė**. Jo protas ėmė griūti. Jis girdėjo balsus. Jį paliko žmona. Jis bandė visa tai užbaigti.

Rekolekcijose kažkas įžvelgė masonų ryšį. Jasonas verkė, **atsisakydamas visų priesaikų**, sulaužydamas žiedą ir tris valandas kentėdamas išlaisvinimą. Tą naktį, pirmą kartą per daugelį metų, jis miegojo ramiai.

Jo liudijimas?

„Su slaptais altoriais nejuokauji. Jie kalba – kol nepriverti jų užsičiaupti Jėzaus vardu."

PASAULINIS BROLIJOS tinklas

- **Europa** – masonai, giliai įsišaknijęs versle, politikoje ir bažnytinėse denominacijose.
- **Afrika** – iliuminatai ir slapti ordinai, siūlantys turtus mainais už sielas; kultai universitetuose.
- **Lotynų Amerika** – jėzuitų infiltracija ir masonų apeigos, sumaišytos su katalikų misticizmu.
- **Azija** – senovės misterijų mokyklos, šventyklų kunigystė, susieta su kartų priesaikomis.
- **Šiaurės Amerika** – „Eastern Star", „Scottish Rite", tokios brolijos kaip „Skull & Bones", „Bohemian Grove Elites".

Šie kultai dažnai šaukiasi „Dievo", bet ne **Biblijos Dievo** – jie nurodo **Didįjį Architektą**, beasmenę jėgą, susietą su **Liuciferio šviesa**.

Požymiai, kad esate paveiktas

- Lėtinė liga, kurios gydytojai negali paaiškinti.
- Baimė kilti karjeros laiptais arba baimė išsiskirti iš šeimos sistemų.
- Sapnai apie apsiaustus, ritualus, slaptas duris, namelius ar keistas ceremonijas.
- Depresija arba beprotybė vyrų linijoje.
- Moterys, kovojančios su nevaisingumo, prievartos ar baimės problemomis.

Įgyvendinimo veiksmų planas

1. **Atsisakykite visų žinomų priesaikų** – ypač jei jūs ar jūsų šeima priklausėte masonams, rozenkreiceriams, Rytų žvaigždės judėjimui, kabalai ar bet kuriai kitai „brolijai".
2. **Peržengkite kiekvieną laipsnį** – nuo įstojusio mokinio iki 33-iojo

laipsnio, pagal pavadinimą.
3. **Sunaikink visus simbolius** – žiedus, prijuostes, knygas, pakabukus, sertifikatus ir kt.
4. **Uždarykite vartus** – dvasiškai ir teisiškai per maldą ir pareiškimą.

Naudokitės šiomis Rašto ištraukomis:

- Izaijo 28:18 — „Jūsų sandora su mirtimi bus panaikinta."
- Galatams 3:13 – „Kristus mus atpirko iš įstatymo prakeikimo."
- Ezechielio 13:20–23: „Aš suplėšysiu jūsų šydus ir išlaisvinsiu savo tautą."

Grupės paraiška

- Paklauskite, ar kurio nors nario tėvai ar seneliai priklausė slaptoms draugijoms.
- Vadovaukite **vedamam atsisakymui** per visus masonų laipsnius (tam galite sukurti spausdintą scenarijų).
- Naudokite simbolinius veiksmus – sudeginkite seną žiedą arba nupieškite kryžių ant kaktos, kad panaikintumėte ritualų metu atsivėrusią „trečiąją akį".
- Melskitės už protus, kaklus ir nugaras – tai dažnos vergijos vietos.

Pagrindinė įžvalga
Brolystė be Kristaus kraujo yra vergijos brolystė.
Turite pasirinkti: sandorą su žmogumi ar sandorą su Dievu.
Apmąstymų žurnalas

- Ar kas nors mano šeimoje buvo susijęs su masonais, misticizmu ar slaptomis priesaikomis?
- Ar aš nesąmoningai kartojau ar mėgdžiojau įžadus, tikėjimo išpažinimus ar simbolius, susijusius su slaptomis draugijomis?
- Ar esu pasirengęs laužyti šeimos tradicijas, kad pilnai gyvenčiau Dievo sandoroje?

Atsisakymo malda

Tėve, Jėzaus vardu, aš atsižadu kiekvienos sandoros, priesaikos ar ritualo, susijusio su masonais, kabala ar bet kokia slapta draugija – savo gyvenime ar giminėje. Aš laužau kiekvieną laipsnį, kiekvieną melą, kiekvieną demonišką teisę, suteiktą per ceremonijas ar simbolius. Aš pareiškiu, kad Jėzus Kristus yra mano vienintelė Šviesa, mano vienintelis Architektas ir mano vienintelis Viešpats. Aš dabar gaunu laisvę, Jėzaus vardu. Amen.

35 DIENA: RAGANOS SUOLUOSE – KAI BLOGIS ĮEINA PRO BAŽNYČIOS DURIS

„Tokie žmonės yra netikri apaštalai, apgaulingi darbininkai, apsimetantys Kristaus apaštalais. Ir nenuostabu, nes net šėtonas apsimeta šviesos angelu." – 2 Korintiečiams 11:13–14

„Aš žinau tavo darbus, tavo meilę ir tikėjimą... Vis dėlto turiu prieš tave šį tą: tu toleru moterį Jezabelę, kuri vadinasi pranaše..." – Apreiškimo 2:19–20

Pavojingiausia ragana ne ta, kuri skraido naktį.

Ji **sėdi šalia tavęs bažnyčioje**.

Jie nedėvi juodų apsiaustų ir nejoja šluotomis.

Jie veda maldos susirinkimus. Giedoja garbinimo komandose. Pranašauja kalbomis. Pastoruoja bažnyčias. Ir vis dėlto... jie yra **tamsos nešėjai**.

Kai kurie tiksliai žino, ką daro – yra pasiųsti kaip dvasiniai žudikai.

Kiti yra protėvių raganavimo ar maišto aukos, veikiančios su nešvariomis **dovanomis**.

Bažnyčia kaip priedanga – „Miriamos" istorija

Miriam buvo populiari išlaisvinimo tarnaitė didelėje Vakarų Afrikos bažnyčioje. Jos balsas įsakydavo demonams bėgti. Žmonės keliavo po tautas, kad būtų jos patepti.

Tačiau Miriam turėjo paslaptį: naktimis ji išeidavo iš savo kūno. Ji matydavo bažnyčios narių namus, jų silpnybes ir jų giminystės linijas. Ji manė, kad tai „pranašystė".

Jos galia augo. Bet kartu augo ir jos kančios.

Ji pradėjo girdėti balsus. Negalėjo užmigti. Jos vaikai buvo užpulti. Vyras ją paliko.

Galiausiai ji prisipažino: vaikystėje ją „aktyvavo" močiutė, galinga ragana, kuri priversdavo ją miegoti po prakeiktomis antklodėmis.

„Maniau, kad esu pripildytas Šventosios Dvasios. Tai buvo dvasia... bet ne Šventoji."

Ji išgyveno išlaisvinimą. Tačiau kova niekada nesiliovė. Ji sako:
„Jei nebūčiau išpažinęs, būčiau miręs ant altoriaus ugnyje... bažnyčioje."

Pasaulinė paslėptos raganavimo situacija bažnyčioje

- **Afrika** – dvasinis pavydas. Pranašai naudoja būrimą, ritualus, vandens dvasias. Daugelis altorių iš tikrųjų yra portalai.
- **Europa** – aiškiaregiai mediumai, apsimetantys „dvasiniais treneriais". Raganavimas, įvilktas į naujosios eros krikščionybę.
- **Azija** – šventyklų žynės įeina į bažnyčias, kad sėtų prakeiksmus ir atsivertų į astralinius stebėtojus.
- **Lotynų Amerika** – Santerija – praktikuojantys „pastoriai", kurie skelbia išlaisvinimą, bet naktį aukoja vištas.
- **Šiaurės Amerika** – krikščionių raganos, teigiančios apie „Jėzų ir taro kortas", energijos gydytojai bažnyčių scenose ir pastoriai, dalyvaujantys masonų apeigose.

Bažnyčioje veikiančių raganavimo požymių

- Sunki atmosfera arba sumaištis pamaldų metu.
- Sapnai apie gyvates, seksą ar gyvūnus po pamaldų.
- Vadovybė netikėtai įklimpsta į nuodėmę ar į skandalą.
- „Pranašystės", kurios manipuliuoja, vilioja arba gėdina.
- Kiekvienas, kuris sako: „Dievas man pasakė, kad tu esi mano vyras/žmona".
- Keistų daiktų, rastų šalia sakyklos ar altorių.

ĮGYVENDINIMO VEIKSMŲ planas

1. **Melskitės įžvalgumo** – paprašykite Šventosios Dvasios apreikšti, ar jūsų bendruomenėje yra paslėptų raganų.
2. **Ištirkite kiekvieną dvasią** – net jei ji skamba dvasiškai (1 Jono 4:1).

3. **Nutraukite sielos ryšius** – jei už jus meldėsi, jums buvo pranašauta arba jus palietė nešvarus žmogus, **atsisakykite to** .
4. **Melskitės už savo bažnyčią** – paskelbkite Dievo ugnį, kad atskleistų kiekvieną paslėptą aukurą, slaptą nuodėmę ir dvasinę dėlę.
5. **Jei esate auka** – kreipkitės pagalbos. Netylėkite ir nelikite vieni.

Grupės paraiška

- Paklauskite grupės narių: Ar kada nors bažnyčios pamaldose jautėtės nejaukiai ar dvasiškai pažeminti?
- Vadovauti bendrai **bendrijos apsivalymo maldai** .
- Patepk kiekvieną žmogų ir paskelbk **dvasinę užkardą** aplink protus, aukurus ir dovanas.
- Mokykite vadovus, kaip **atrinkti dovanas** ir **išbandyti dvasias** prieš leidžiant žmonėms užimti matomus vaidmenis.

Pagrindinė įžvalga
Ne visi, kurie sako „Viešpatie, Viešpatie", yra iš Viešpaties.
Bažnyčia yra **pagrindinis dvasinės užterštumo mūšio laukas** , bet taip pat ir išgijimo vieta, kai palaikoma tiesa.

Apmąstymų žurnalas

- Ar sulaukiau maldų, patarimų ar patarimų iš žmogaus, kurio gyvenimas davė nešventų vaisių?
- Ar yra buvę atvejų, kai po bažnyčios jaučiausi „nepatogiai", bet ignoravau tai?
- Ar esu pasirengęs pasipriešinti raganavimui, net jei jis vilki kostiumą ar dainuoja scenoje?

Atskleidimo ir laisvės malda
Viešpatie Jėzau, dėkoju Tau, kad Esi tikroji Šviesa. Prašau Tavęs dabar demaskuoti kiekvieną paslėptą tamsos agentą, veikiantį mano gyvenime ir bendrystėje ar aplink jį. Aš atsižadu kiekvieno nešvento perdavimo, klaidingos pranašystės ar sielos ryšio, kurį gavau iš dvasinių apsimetėlių. Apvalyk mane Savo krauju. Išgrynink mano dovanas. Saugok mano vartus.

Sudegink kiekvieną netikrą dvasią Savo šventa ugnimi. Jėzaus vardu. Amen.

36 DIENA: UŽKODUOTI BURTAI – KAI DAINOS, MADA IR FILMAI TAMPA PORTALAIS

„*Nedalyvaukite nevaisinguose tamsos darbuose, bet verčiau juos demaskuokite.*" (Efeziečiams 5:11)

„*Nesielkite su bedieviškais pasakojimais ir bobučių pasakomis, verčiau ugdykite save dievobaimingu elgesiu.*" (1 Timotiejui 4:7)

Ne kiekvienas mūšis prasideda kraujo auka.

Kai kurie prasideda ritmu . Melodija . Įsimintina eilėraščio daina, kuri įstringa sieloje. Arba **simboliu** ant drabužių, kurį laikėte „kietu".

Arba „nekenksmingu" šou, kurį stebite, kol demonai šypsosi šešėliuose.

Šiandienos hiperaktyviame pasaulyje raganavimas yra **užkoduotas** – slepiasi **akivaizdoje** per žiniasklaidą, muziką, filmus ir madą.

Pritemdytas garsas – tikra istorija: „Ausinės"

Elijah, 17 metų jaunuolis iš JAV, pradėjo patirti panikos priepuolius, bemieges naktis ir demoniškus sapnus. Jo krikščionys tėvai manė, kad tai stresas.

Tačiau išlaisvinimo seanso metu Šventoji Dvasia nurodė komandai paklausti apie jo **muziką** .

Jis prisipažino: „Klausausi trap metalo. Žinau, kad jis tamsus... bet padeda man jaustis galingam."

Kai komanda maldoje sugrojo vieną iš jo mėgstamiausių dainų, įvyko kažkokia **manifestacija** .

Ritmai buvo užkoduoti okultinių ritualų **giesmių takeliais** . **Atvirkštinis maskavimas atskleidė tokias frazes kaip „paklusk savo sielai" ir „Liuciferis kalba".**

Kai Elijas ištrynė muziką, atgailavo ir atsisakė ryšio, sugrįžo ramybė.

Karas įėjo pro jo **ausų vartus** .

Globalūs programavimo modeliai

- **Afrika** – su pinigų ritualais susijusios afrobito dainos; dainų tekstuose paslėptos užuominos apie „džiudžu"; mados prekių ženklai su jūrų karalystės simboliais.
- **Azija** – K-popas su pasąmoninėmis seksualinėmis ir dvasias perteikiančiomis žinutėmis; anime personažai, persmelkti šintoistų demonų išminties.
- **Lotynų Amerika** – regetonas, kuriame skamba Santería giesmės ir atgal užkoduoti burtai.
- **Europa** – mados namai („Gucci", „Balenciaga") į podiumo kultūrą įtraukia šėtoniškus vaizdinius ir ritualus.
- **Šiaurės Amerika** – Holivudo filmai su raganavimo kodu („Marvel", siaubo filmai, „šviesa prieš tamsą"); animaciniai filmai, kuriuose burtai naudojami kaip pramoga.

Common Entry Portals (and Their Spirit Assignments)

Media Type	Portal	Demonic Assignment
Music	Beats/samples from rituals	Torment, violence, rebellion
TV Series	Magic, lust, murder glorification	Desensitization, soul dulling
Fashion	Symbols (serpent, eye, goat, triangles)	Identity confusion, spiritual binding
Video Games	Sorcery, blood rites, avatars	Astral transfer, addiction, occult alignment
Social Media	Trends on "manifestation," crystals, spells	Sorcery normalization

VEIKSMŲ PLANAS – ĮŽVALGA, Detoksikacija, Apsauga

1. **Peržiūrėkite savo grojaraštį, garderobą ir žiūrėjimo istoriją**. Ieškokite okultinio, geidulingo, maištingo ar smurtinio turinio.
2. **Prašykite Šventosios Dvasios atskleisti** kiekvieną nešventą įtaką.
3. **Ištrinti ir sunaikinti**. Neparduoti ir neaukoti. Sudeginti ir išmesti bet ką, kas demoniška – fizinį ar skaitmeninį.
4. **Patepkite savo prietaisus**, kambarį ir ausis. Paskelbkite juos pašventintais Dievo šlovei.
5. **Pakeiskite tiesa**: garbinimo muzika, dievobaimingi filmai, knygos ir Šventojo Rašto skaitiniai, kurie atnaujina jūsų protą.

Grupės paraiška

- Vadovaukite narių „Žiniasklaidos inventorizacijai". Tegul kiekvienas asmuo užsirašo laidas, dainas ar daiktus, kurie, jo manymu, gali būti portalai.
- Melskitės per telefonus ir ausines. Patepkite juos.
- Atlikite grupinį „detoksikacinį badą" – 3–7 dienas be pasaulietinės žiniasklaidos. Maitinkite save tik Dievo žodžiu, garbinimu ir bendryste.
- Kitame susitikime patvirtinkite rezultatus.

Pagrindinė įžvalga

Demonams nebereikia šventovės, kad patektų į jūsų namus. Jiems tereikia jūsų sutikimo paspausti „paleisti".

Apmąstymų žurnalas

- Ką mačiau, girdėjau ar dėvėjau, kas galėtų atverti duris priespaudai?
- Ar esu pasirengęs atsisakyti to, kas mane linksmina, jei tai mane ir pavergia?
- Ar aš normalizavau maištą, geismą, smurtą ar pasityčiojimą vardan „meno"?

APSIVALYMO MALDA

Viešpatie Jėzau, ateinu pas Tave prašydamas visiško dvasinio detoksikacijos. Atskleisk kiekvieną užkoduotą burtą, kurį įsileidau į savo gyvenimą per muziką, madą, žaidimus ar žiniasklaidą. Gailiuosi, kad žiūrėjau, nešiojau ir klausiausi to, kas Tave niekina. Šiandien nutraukiu sielos ryšius. Išvarau kiekvieną maišto, raganavimo, geismo, sumaišties ar kankinimo dvasią. Apvalyk mano akis, ausis ir širdį. Dabar savo kūną, žiniasklaidą ir pasirinkimus skiriu tik Tau. Jėzaus vardu. Amen.

37 DIENA: NEMATOMI GALIOS ALTORIAI – MASONAI, KABALOS IR OKULTINIO ELITO RYŠIAI

„Velnias vėl paėmė Jį į labai aukštą kalną, parodė Jam visas pasaulio karalystes ir jų didybę ir tarė: 'Visa tai aš Tau duosiu, jei parpuolęs pagarbinsi mane.'" – Mato 4:8–9.

„Jūs negalite gerti Viešpaties taurės ir demonų taurės; negalite būti kartu Viešpaties stalo ir demonų stalo dalimi." – 1 Korintiečiams 10:21.

Altoriai paslėpti ne urvuose, o posėdžių salėse.

Dvasios ne tik džiunglėse, bet ir vyriausybės pastatuose, finansų bokštuose, Ivy lygos bibliotekose ir šventovėse, užmaskuotose kaip „bažnyčios".

elitinio okultizmo karalystę :

masonus, rozenkreicerius , kabalistus , jėzuitų ordinus, Rytų žvaigždes ir paslėptas liuciferiečių kunigystes, kurios **savo atsidavimą Šėtonui pridengia ritualais, slaptumu ir simboliais** . Jų dievai yra protas, galia ir senovės žinios, bet jų **sielos yra įžadėtos tamsai** .

Paslėpta akyse

- **Masonai** apsimeta statybininkų brolija, tačiau aukštesnieji jų laipsniai šaukiasi demoniškų būtybių, prisiekia mirties priesaikais ir išaukština Liuciferį kaip „šviesos nešėją".
- **Kabala** žada mistinę prieigą prie Dievo, tačiau subtiliai Jahvę pakeičia kosminiais energijos žemėlapiais ir numerologija.
- **Jėzuitų misticizmas** , savo iškreiptomis formomis, dažnai maišo katalikiškus vaizdinius su dvasiniu manipuliavimu ir pasaulio sistemų valdymu.
- **Holivudas, mada, finansai ir politika** – visa tai neša užkoduotas žinutes, simbolius ir **viešus ritualus, kurie iš tikrųjų yra Liuciferio**

garbinimo pamaldos .

Nereikia būti įžymybe, kad tai paveiktų. Šios sistemos **teršia tautas** per:

- Žiniasklaidos programavimas
- Švietimo sistemos
- Religinis kompromisas
- Finansinė priklausomybė
- Ritualai, užmaskuoti kaip „iniciacijos", „įžadai" arba „prekės ženklo sandoriai"

Tikra istorija – „Ložė sugriovė mano giminę"
Solomonas (vardas pakeistas), sėkmingas verslo magnatas iš Jungtinės Karalystės, įstojo į masonų ložę, siekdamas užmegzti ryšius. Jis greitai pakilo karjeros laiptais, įgijo turtų ir prestižo, tačiau jį taip pat pradėjo kamuoti siaubingi košmarai – jį šaukė apsiaustais prisidengę vyrai, davė kruvinus prisiekimus, jį vejojo tamsūs žvėrys. Jo dukra pradėjo save žaloti, teigdama, kad tai padaryti ją privertė „buvimas".

Vieną naktį jis savo kambaryje pamatė vyrą – pusiau žmogų, pusiau šakalą – kuris jam pasakė: *„Tu esi mano. Kaina sumokėta."* Jis kreipėsi į išlaisvinimo tarnystę. Prireikė **septynių mėnesių atsižadėjimo, pasninko, vėmimo ritualų ir visų okultinių ryšių pakeitimo** – kol atėjo taika.

Vėliau jis sužinojo: **jo senelis buvo 33-iojo laipsnio mūrininkas. Jis tik to nežinodamas tęsė palikimą.**

Pasaulinis pasiekiamumas

- **Afrika** – slaptos genčių valdovų, teisėjų, pastorių draugijos, prisiekiančios ištikimybę kraujo priesaikomis mainais už valdžią.
- **Europa** – Maltos riteriai, iliuminatų ložės ir elitiniai ezoteriniai universitetai.
- **Šiaurės Amerika** – masonų pamatai pagal daugumą steigimo dokumentų, teismo struktūros ir net bažnyčios.
- **Azija** – paslėpti drakonų kultai, protėvių ordinai ir politinės grupės, įsišaknijusios budizmo ir šamanizmo hibriduose.
- **Lotynų Amerika** – sinkretiniai kultai, maišantys katalikų

šventuosius su liuciferių dvasiomis, tokiomis kaip Santa Muerte ar Bafometas.

Veiksmų planas – pabėgimas nuo elitinių altorių

1. **Atsisakykite** bet kokio dalyvavimo masonerijoje, „Eastern Star" organizacijoje, jėzuitų priesaikose, gnostikų knygose ar mistinėse sistemose – netgi „akademinių" tokių studijų.
2. **Sunaikink** regalijas, žiedus, segtukus, knygas, prijuostes, nuotraukas ir simbolius.
3. **Sulaužykite žodinius prakeiksmus** – ypač mirties priesaikas ir iniciacijos įžadus. Remkitės Izaijo 28:18 („Jūsų sandora su mirtimi bus panaikinta...").
4. **Pasninkaukite 3 dienas**, skaitydami Ezechielio 8, Izaijo 47 ir Apreiškimo 17.
5. **Pakeiskite aukurą**: Iš naujo pasišvęskite vien Kristaus aukurui (Romiečiams 12:1–2). Komunija. Garbinimas. Patepimas.

Negalite būti dangaus ir Liuciferio teismuose tuo pačiu metu. Pasirinkite savo aukurą.

Grupės paraiška

- Nubraižykite dažniausiai pasitaikančių elitinių organizacijų sąrašą savo regione ir melskitės tiesiogiai prieš jų dvasinę įtaką.
- Surengti sesiją, kurioje nariai galėtų konfidencialiai prisipažinti, ar jų šeimos buvo susijusios su masonais ar panašiomis sektomis.
- Atneškite aliejaus ir komunijos – vadovaukite masiniam priesaikų, ritualų ir slapta sudarytų antspaudų atsisakymui.
- Sulaužykite pasididžiavimą – priminkite grupei: **joks priėjimas nėra vertas jūsų sielos.**

Pagrindinė įžvalga

Slaptos draugijos žada šviesą. Bet tik Jėzus yra pasaulio šviesa. Visi kiti altoriai reikalauja kraujo, bet negali išgelbėti.

Apmąstymų žurnalas

- Ar kas nors mano giminėje buvo susijęs su slaptomis draugijomis ar „ordinais"?
- Ar esu skaitęs ar turėjęs okultinių knygų, užmaskuotų kaip akademiniai tekstai?
- Kokie simboliai (pentagramos, viską matančios akys, saulės, gyvatės, piramidės) paslėpti mano drabužiuose, meno kūriniuose ar papuošaluose?

Atsisakymo malda

Tėve, aš atsižadu kiekvienos slaptos draugijos, ložės, priesaikos, ritualo ar altoriaus, neįkurto Jėzaus Kristaus vardu. Aš laužau savo tėvų sandoras, savo kraujo liniją ir savo paties žodžius. Aš atmetu masonus, kabalą, mistiką ir kiekvieną slaptą valdžios paktą. Aš sunaikinu kiekvieną simbolį, kiekvieną antspaudą ir kiekvieną melą, kuris žadėjo šviesą, bet atnešė vergiją. Jėzau, aš vėl įšventinu Tave į sostą kaip savo vienintelį Mokytoją. Apšviesk Savo šviesa kiekvieną slaptą vietą. Tavo vardu aš vaikštau laisvas. Amen.

38 DIENA: ĮSČIŲ SANDOROS IR VANDENS KARALYSTĖS – KAI LIKIMAS SUTERŠIAMAS PRIEŠ GIMIMĄ

„*Nedorėliai svetimi nuo pat įsčių, vos gimę, jie nuklysta, kalbėdami melą.*" – Psalmyno 58:3.

„*Dar prieš sukurdamas tave įsčiose, aš tave pažinau, dar prieš tau gimstant, aš tave pašventinau...*" – Jeremijo 1:5.

O jeigu kovos, kurias kovojate, prasidėtų ne nuo jūsų pasirinkimų, o nuo jūsų koncepcijos?

O jeigu tavo vardas būtų ištartas tamsiose vietose, kol dar buvai įsčiose?

O jeigu **tavo tapatybė būtų iškeista**, tavo **likimas parduotas**, o tavo **siela pažymėta** – dar prieš tau įkvepiant pirmą kartą?

povandeninės iniciacijos, **jūrų dvasių sandorų** ir **okultinių gimdos teiginių** realybė, kuri **saisto kartas**, ypač regionuose, kuriuose yra gilūs protėvių ir pakrančių ritualai.

Vandens karalystė – Šėtono sostas apačioje

Nematomoje srityje Šėtonas valdo **ne tik orą**. Jis taip pat valdo **jūrų pasaulį** – didžiulį demonišką dvasių, altorių ir ritualų tinklą po vandenynais, upėmis ir ežerais.

Jūrų dvasios (dažniausiai vadinamos *Mami Wata*, *Pakrantės karaliene*, *dvasių žmonomis/vyrais* ir kt.) yra atsakingos už:

- Priešlaikinė mirtis
- Nevaisingumas ir persileidimai
- Seksualinė vergystė ir sapnai
- Psichinės kančios
- Naujagimių negalavimai
- Verslo kilimo ir žlugimo modeliai

Bet kaip šios dvasios įgyja **teisinę galią** ?
Įsčiose.
Nematomos iniciacijos prieš gimimą

- **Protėvių pasišventimai** – vaikas „pažadėtas" dievybei, jei gimsta sveikas.
- **Okultinės žynės** liečia gimdą nėštumo metu.
- Šeimos duoti **sandoros vardai – nesąmoningai pagerbiant jūrų karalienes ar dvasias.**
- **Gimimo ritualai,** atliekami naudojant upės vandenį, talismanus arba žoleles iš šventovių.
- **Virkštelės laidojimas** su užkeikimais.
- **Nėštumas okultinėje aplinkoje** (pvz., masonų ložėse, „New Age" centruose, poligaminiuose kultuose).

Kai kurie vaikai gimsta jau vergai. Štai kodėl jie gimdami smarkiai rėkia – jų dvasia jaučia tamsą.

Tikra istorija – „Mano kūdikis priklausė upei"

Džesika iš Siera Leonės bandė pastoti penkerius metus. Galiausiai ji pastojo, kai „pranašas" davė jai muilo praustis ir aliejaus įtrinti į gimdą. Kūdikis gimė stiprus, bet sulaukęs 3 mėnesių pradėjo be perstojo verkti, ypač naktį. Jis nekentė vandens, rėkė maudynių metu ir nevaldomai drebėdavo, kai būdavo paimamas prie upės.

Vieną dieną jos sūnų ištiko traukuliai, ir jis mirė 4 minutes. Jis atsigavo ir, **būdamas 9 mėnesių, pradėjo kalbėti pilnais žodžiais** : „Aš čia nepriklausau. Aš priklausau karalienei."

Išsigandusi Džesika ieškojo išvadavimo. Vaikas buvo paleistas tik po 14 dienų pasninko ir atsižadėjimo maldų – jos vyras turėjo sunaikinti šeimos stabą, paslėptą jo kaime, kol kankinimai liovėsi.

Kūdikiai negimsta tuščiaviduriai. Jie gimsta kovose, kuriose turime kovoti už juos.

PASAULINĖS PARALELĖS

- **Afrika** – upių altoriai, Mami Wata pašventinimai, placentos ritualai.
- **Azija** – vandens dvasios, iškviečiamos budistinių arba animistinių gimimų metu.
- **Europa** – druidų pribuvėjų sandoros, protėvių vandens apeigos, masonų pasišventimai.
- **Lotynų Amerika** – santerijos vardų suteikimas, upių dvasios (pvz., Ošunas), gimimas pagal astrologines diagramas.
- **Šiaurės Amerika** – Naujojo amžiaus gimdymo ritualai, hipnogimdymas su dvasiniais vadovais, mediumų atliekamos „palaiminimo ceremonijos".

Gimdos inicijuoto surišimo požymiai

- Pasikartojantys persileidimo modeliai per kartas
- Naktiniai siaubai kūdikiams ir vaikams
- Nepaaiškinamas nevaisingumas, nepaisant medicininio leidimo
- Nuolatiniai vandens sapnai (vandenynai, potvyniai, plaukimas, undinės)
- Neracionali vandens ar skendimo baimė
- Jausmas „pareikštas" – tarsi kažkas stebėtų nuo pat gimimo

Veiksmų planas – Sulaužyk įsčių sandorą

1. **Paprašykite Šventosios Dvasios** apreikšti, ar jūs (ar jūsų vaikas) buvote inicijuoti per gimdos ritualus.
2. **Atsisakykite** bet kokių susitarimų, sudarytų nėštumo metu – sąmoningai ar nesąmoningai.
3. **Melskitės dėl savo gimimo istorijos** – net jei jūsų mama nepasiekiama, kalbėkite kaip teisėta savo gyvenimo dvasinė vartų sargybinė.
4. **Pasninkaukite su Izaijo 49 skyriumi ir 139 psalme** – kad atgautumėte savo dieviškąjį planą.
5. **Jei esate nėščia** : patepkite savo pilvą ir kasdien kalbėkite apie savo negimusį kūdikį:

„Esate atskirti Viešpačiui. Jokia vandens, kraujo ar tamsos dvasia jūsų nevaldys. Jūs priklausote Jėzui Kristui – kūnu, siela ir dvasia."

Grupės paraiška

- Paprašykite dalyvių užrašyti, ką jie žino apie savo gimimo istoriją, įskaitant ritualus, akušeres ar vardų suteikimo įvykius.
- Skatinkite tėvus iš naujo pašvęsti savo vaikus „Kristu paremtoje vardo suteikimo ir sandoros pamaldoje".
- Maldoms, laužančioms vandens sandoras, vadovaukitės *Izaijo 28:18*, *Kolosiečiams 2:14* ir *Apreiškimo 12:11*.

Pagrindinė įžvalga

Gimdos yra vartai – ir tai, kas pro juos praeina, dažnai įeina su dvasiniu bagažu. Tačiau joks gimdos altorius nėra didesnis už kryžių.

Apmąstymų žurnalas

- Ar mano prasidėjime ar gimime buvo kokių nors daiktų, aliejų, amuletų ar vardų?
- Ar patiriu dvasinius išpuolius, kurie prasidėjo vaikystėje?
- Ar aš nesąmoningai perdaviau jūrines sandoras savo vaikams?

Išlaisvinimo malda

Dangiškasis Tėve, Tu mane pažinojai dar prieš mano sukūrimą. Šiandien aš sulaužau kiekvieną paslėptą sandorą, vandens ritualą ir demonišką pasišventimą, atliktą mano gimimo metu ar prieš jį. Atmetu visus teiginius apie jūrų dvasias, pažįstamas dvasias ar kartų įsčių aukurus. Tegul Jėzaus kraujas perrašo mano gimimo istoriją ir mano vaikų istorijas. Aš gimiau iš Dvasios, o ne iš vandens aukurų. Jėzaus vardu. Amen.

39 DIENA: VANDENS KRIKŠTAS Į VERGYBĘ – KAIP KŪDIKIAI, INICIALAI IR NEMATOMI SANDOROS ATVERIA DURIS

„*Jie praliejo nekaltą kraują, savo sūnų ir dukterų kraują, kuriuos paaukojo Kanaano stabams, ir jų krauju buvo išniekinta žemė.*" – Psalmyno 106:38.
„*Ar galima atimti grobį iš karžygių, ar belaisvius išvaduoti iš nuožmių?*" – *Bet štai ką sako Viešpats: „Iš karžygių belaisviai bus atimti, o iš nuožmių – grobis..."* – Izaijo 49:24–25.

Daugelis likimų ne tik buvo **sujaukti suaugus** – jie buvo **pagrobti dar kūdikystėje**.

Ta, regis, nekalta vardo suteikimo ceremonija...

Tas atsitiktinis panardinimas į upės vandenį „vaikui palaiminti"...

Moneta rankoje... Įpjovimas po liežuviu... Aliejus nuo „dvasinės močiutės"... Net inicialai, duoti gimimo metu...

Jie visi gali atrodyti kultūriniai. Tradiciniai. Nežalingi.

Tačiau tamsos karalystė **slepiasi tradicijose**, ir daugelis vaikų buvo **slapta inicijuoti** dar prieš tai, kai galėjo ištarti „Jėzus".

Tikra istorija – „Mane pavadino upė"

Haityje berniukas, vardu Malickas, užaugo keistai bijodamas upių ir audrų. Vaikystėje močiutė jį nusivedė prie upelio, kad „supažindintų su dvasiomis" ir apsaugotų. Balsus jis pradėjo girdėti būdamas 7 metų. Būdamas 10 metų, jį aplankydavo naktiniai sapnai. Sulaukęs 14 metų, jis bandė nusižudyti, kai visada jausdavo šalia esantį kažkokį „esmę".

Išlaisvinimo susirinkime demonai smarkiai pasireiškė, šaukdami: „Mes įžengėme į upę! Mus vadino vardu!" Jo vardas „Malick" buvo dvasinės vardo suteikimo tradicijos, skirtos „pagerbti upės karalienę", dalis. Kol jis nebuvo pervadintas Kristuje, kankinimai tęsėsi. Dabar jis tarnauja išlaisvindamas jaunimą, įstrigusį protėvių apeigose.

Kaip tai nutinka – paslėpti spąstai

1. **Inicialai kaip sandoros**
   Kai kurie inicialai, ypač susiję su protėvių vardais, šeimos dievais ar vandens dievybėmis (pvz., „MM" = Mami/Jūrų dievybė; „OL" = Oya/Orisha linija), veikia kaip demonų parašai.
2. **Kūdikių panirimai upėse/upeliuose.**
   Atliekami „apsaugai" arba „apsivalymui" ir dažnai yra **krikštai į jūros dvasias**.
3. **Slaptos vardų suteikimo ceremonijos,**
   kurių metu priešais altorių ar šventovę pašnibždamas arba ištariamas kitas vardas (kitoks nei viešas).
4. **Apgaminimo ženklų ritualai –**
   aliejai, pelenai arba kraujas, tepami ant kaktos arba galūnių, siekiant „pažymėti" vaiką dvasioms.
5. **Virkštelės palaidojimo būdai maitinant jas vandeniu**
   Virkštelės buvo įleidžiamos į upes, upelius arba palaidojamos su vandens užkeikimais – taip vaikas pririšamas prie vandens altorių.

Jei tėvai nesudarė sandoros su Kristumi, tikėtina, kad jus paėmė kažkas kitas.

Pasaulinės okultinės gimdos rišimo praktikos

- **Afrika** – kūdikių vardai upių dievybių vardais, virvių laidojimas prie jūrinių altorių.
- **Karibai / Lotynų Amerika** – santerijos krikšto ritualai, jorubų stiliaus pašventinimai su žolelėmis ir upės reikmenimis.
- **Azija** – hinduistų ritualai, susiję su Gango vandeniu, astrologiškai apskaičiuoti vardai, susieti su elementų dvasiomis.
- **Europa** – druidų arba ezoterinės vardų davimo tradicijos, šaukiančios miško / vandens sargų.
- **Šiaurės Amerika** – vietinių gyventojų ritualiniai pašventinimai,

šiuolaikiniai Vikos kūdikių palaiminimai, naujosios eros vardų suteikimo ceremonijos, iškviečiant „senovės vadovus".

Kaip aš žinau?

- Nepaaiškinami ankstyvosios vaikystės kančios, ligos ar „įsivaizduojami draugai"
- Sapnai apie upes, undines, vandens persekiojamas
- Nenoras bažnyčių, bet susižavėjimas mistiniais dalykais
- Gilus „sekamo" ar stebimo jausmo jausmas nuo gimimo
- Atraskite antrą vardą ar nežinomą ceremoniją, susijusią su jūsų kūdikyste

Veiksmų planas – Išpirkti kūdikystę

1. **Paklauskite Šventosios Dvasios** : Kas nutiko, kai gimiau? Kokios dvasinės rankos mane palietė?
2. **Atsisakykite visų paslėptų pasišventimų** , net jei jie padaryti nežinodami: „Aš atmetu bet kokią sandorą, sudarytą mano vardu, kuri nebuvo su Viešpačiu Jėzumi Kristumi."
3. **Nutraukite ryšius su protėvių vardais, inicialais ir žetonais** .
4. **Remdamiesi Izaijo 49:24–26, Kolosiečiams 2:14 ir 2 Korintiečiams 5:17,** paskelbkite savo tapatybę Kristuje.
5. Jei reikia, **surengkite pakartotinio pašventinimo ceremoniją** – iš naujo prisistatykite (arba savo vaikus) Dievui ir, jei jums vadovaujama, paskelbkite naujus vardus.

GRUPĖS PARAIŠKA

- Pakvieskite dalyvius ištirti savo vardų istoriją.
- Sukurkite erdvę dvasiniam pervadinimui, jei tam yra vadovaujama – leiskite žmonėms prisiimti tokius vardus kaip „Dovydas", „Estera" arba dvasios vedamas tapatybes.

- Vadovaukite grupei simboliniame *pasišventimo pakartotiniame krikšte* – ne panardinant į vandenį, o patepant ir sudarant sandorą su Kristumi, pagrįstą žodžiu.
- Tegul tėvai maldoje sulaužo sandoras dėl savo vaikų: „Jūs priklausote Jėzui – jokia dvasia, upė ar protėvių ryšys neturi jokio teisinio pagrindo."

Pagrindinė įžvalga
Tavo pradžia svarbi. Bet ji nebūtinai turi apibrėžti tavo pabaigą. Kiekvieną upės pretenziją gali sugriauti Jėzaus kraujo upė.

Apmąstymų žurnalas

- Kokius vardus ar inicialus man davė ir ką jie reiškia?
- Ar gimdamas atlikau slaptus ar kultūrinius ritualus, kurių turėčiau atsisakyti?
- Ar aš tikrai paskyriau savo gyvenimą – savo kūną, sielą, vardą ir tapatybę – Viešpačiui Jėzui Kristui?

Atpirkimo malda
Tėve Dieve, aš ateinu pas Tave Jėzaus vardu. Aš atsižadu kiekvienos sandoros, pasišventimo ir rituralo, atlikto mano gimimo metu. Aš atmetu kiekvieną vardą, vandens iniciaciją ir protėvių pretenzijas. Ar tai būtų inicialai, vardas ar paslėpti aukurai – aš panaikinu kiekvieną demonišką teisę į savo gyvenimą. Dabar pareiškiu, kad esu visiškai Tavo. Mano vardas įrašytas Gyvenimo knygoje. Mano praeitis uždengta Jėzaus krauju, o mano tapatybė užantspauduota Šventąja Dvasia. Amen.

40 DIENA: NUO PRISTATYMO IKI PRISTATYTOJO – TAVO SKAUSMAS YRA TAVO IŠVENTINIMAS

„**B**et žmonės, kurie pažįsta savo Dievą, bus stiprūs ir žygdarbių atliks." – Danieliaus 11:32

„Tada Viešpats pažadino teisėjus, kurie išgelbėjo juos iš tų plėšikų rankų." – Teisėjų 2:16

Nebuvai išlaisvintas tam, kad tyliai sėdėtum bažnyčioje.

Nebuvai išlaisvintas vien tam, kad išgyventum. Buvai išlaisvintas **tam, kad išlaisvintum kitus** .

Tas pats Jėzus, kuris išgydė demono apsėstąjį Morkaus 5 skyriuje, pasiuntė jį atgal į Dekapolį papasakoti istoriją. Jokios seminarijos. Jokių įšventinimų. Tik **degantis liudijimas** ir burna padegta.

Tu esi tas vyras. Ta moteris. Ta šeima. Ta tauta.

Skausmas, kurį iškentei, dabar yra tavo ginklas.

Kančios, nuo kurių išvengei, yra tavo trimitas. Tai, kas tave laikė tamsoje, dabar tampa **tavo viešpatavimo scena.**

Tikra istorija – nuo jūrų pėstininkų nuotakos iki išlaisvinimo tarno

Rebeka iš Kamerūno buvo buvusi jūrų dvasios nuotaka. Ji buvo inicijuota aštuonerių metų per pakrantės vardo suteikimo ceremoniją. Sulaukusi 16 metų, ji sapnuose mylėjosi, valdė vyrus savo akimis ir burtais sukėlė daugybę skyrybų. Ji buvo žinoma kaip „gražioji prakeiksmas".

Kai universitete ji sutiko Evangeliją, jos demonai siautėjo. Prireikė šešių mėnesių pasninko, išsivadavimo ir gilaus mokinystės, kol ji tapo laisva.

Šiandien ji rengia išlaisvinimo konferencijas moterims visoje Afrikoje. Tūkstančiai žmonių buvo išlaisvinti jos paklusnumo dėka.

O kas, jeigu ji būtų tylėjusi?

Apaštališkasis kilimas – gimsta pasauliniai išlaisvintojai

- **Afrikoje** buvę raganai dabar steigia bažnyčias.
- **Azijoje** buvę budistai skelbia Kristų slaptuose namuose.
- **Lotynų Amerikoje** buvę santerijos kunigai dabar daužo altorius.
- **Europoje** buvę okultistai veda aiškinamąsias Biblijos studijas internetu.
- **Šiaurės Amerikoje** naujojo amžiaus apgaulių išgyvenusieji kas savaitę veda išlaisvinimo „Zoom" konferencijas.

Jie yra **netikėti**, palaužti, buvę tamsos vergai, dabar žygiuojantys šviesoje – ir **tu esi vienas iš jų**.

Galutinis veiksmų planas – prisiimkite savo kvietimą

1. **Parašykite savo liudijimą** – net jei manote, kad jis nėra dramatiškas. Kažkam reikia jūsų laisvės istorijos.
2. **Pradėk nuo mažų dalykų** – melskis už draugą. Vesk Biblijos studijas. Papasakokite apie savo išsivadavimo procesą.
3. **Niekada nenustokite mokytis** – Išvaduotojai lieka Žodyje, atgailauja ir išlieka aštrūs.
4. **Apdenkite savo šeimą** – kasdien skelbkite, kad tamsa liaujasi su jumis ir jūsų vaikais.
5. **Paskelbkite dvasinio karo zonas** – savo darbovietėje, namuose, gatvėje. Būkite vartininkais.

Grupinis paleidimas
Šiandien ne tik pamaldos – tai **išventinimo ceremonija**.

- Patepkite vieni kitų galvas aliejumi ir sakykite:

„Tu esi išlaisvintas, kad išlaisvintum. Kelkis, Dievo Teisėjau."

- Garsiai pasakykite grupėje:

„Mes nebe išgyvenusieji. Mes kariai. Mes nešame šviesą, o tamsa dreba."

- Paskirkite maldos poras arba atskaitomybės partnerius, kad toliau augtumėte drąsa ir poveikiu.

Pagrindinė įžvalga
Didžiausias kerštas tamsos karalystei yra ne tik laisvė.
Tai dauginimasis.

Galutinis apmąstymų žurnalas

- Kuri akimirka supratau, kad perėjau iš tamsos į šviesą?
- Kam reikia išgirsti mano istoriją?
- Nuo ko šią savaitę galiu pradėti sąmoningai skleisti šviesą?
- Ar esu pasirengęs būti išjuokiamas, nesuprastas ir man priešinamasi – vardan kitų išlaisvinimo?

Įšventinimo malda
Tėve Dieve, dėkoju Tau už 40 ugnies, laisvės ir tiesos dienų. Tu neišgelbėjai manęs vien tam, kad suteiktum prieglobstį – Tu išlaisvinai mane, kad išlaisvinčiau kitus. Šiandien aš priimu šią mantiją. Mano liudijimas yra kardas. Mano randai yra ginklai. Mano maldos yra plaktukai. Mano paklusnumas yra garbinimas. Dabar aš vaikščioju Jėzaus vardu – kaip ugnies užkūrėjas, išlaisvintojas, šviesos nešėjas. Aš esu Tavo. Tamsa neturi vietos manyje ir nėra vietos aplink mane. Aš užimu savo vietą. Jėzaus vardu. Amen.

360° KASDIENIS IŠGELBĖJIMO IR VIEŠVAROS PAREIŠKIMAS – 1 dalis

„Joks ginklas, nukaltas prieš tave, nebus sėkmingas, ir kiekvieną liežuvį, kuris pakils prieš tave teismui, tu pasmerksi. Tai yra Viešpaties tarnų palikimas..."
– Izaijo 54:17

Šiandien ir kiekvieną dieną aš visiškai prisiimu savo vietą Kristuje – dvasia, siela ir kūnu.

Uždarau visas duris – žinomas ir nežinomas – į tamsos karalystę.

Aš nutraukiu visus kontaktus, sutartis, sandoras ar bendrystę su piktais altoriais, protėvių dvasiomis, dvasių sutuoktiniais, okultinėmis draugijomis, raganavimu ir demonų sąjungomis – Jėzaus krauju!

Pareiškiu, kad nesu parduodamas. Nesu pasiekiamas. Nesu tinkamas įdarbinti. Nesu pakartotinai įtrauktas į šią veiklą.

Kiekvienas šėtoniškas atšaukimas, dvasinis stebėjimas ar blogio iškvietimas – tebūnie išsklaidytas ugnimi, Jėzaus vardu!

Aš įsipareigoju Kristaus protui, Tėvo valiai ir Šventosios Dvasios balsui.

Aš vaikštau šviesoje, tiesoje, galioje, tyrume ir tiksle.

Uždarau visas trečias akis, psichinius vartus ir nešventus portalus, atvertus per sapnus, traumas, seksą, ritualus, žiniasklaidą ar klaidingus mokymus.

Tegul Dievo ugnis sunaikina kiekvieną neteisėtą indėlį mano sieloje, Jėzaus vardu.

Kreipiuosi į orą, žemę, jūrą, žvaigždes ir dangų – jūs nedirbsite prieš mane.

Kiekvienas paslėptas altorius, agentas, stebėtojas ar šnabždantis demonas, nukreiptas prieš mano gyvenimą, šeimą, pašaukimą ar teritoriją, – tebūnie nuginkluotas ir nutildytas Jėzaus krauju!

Pasinėriu į Dievo žodį.

Skelbiu, kad mano sapnai pašventinti. Mano mintys apsaugotos. Mano miegas šventas. Mano kūnas – ugnies šventykla.

Nuo šios akimirkos aš gyvenu 360 laipsnių išlaisvinimu – niekas nepaslėpta, niekas nepraleista.

Kiekviena užsitęsusi vergystė nutrūksta. Kiekviena kartų jungas sudužta. Kiekviena neatgailautos nuodėmė yra atskleidžiama ir apvaloma.

Aš pareiškiu:

- **Tamsa man neturi jokios galios.**
- **Mano namai yra gaisro zona.**
- **Mano vartai užantspauduoti šlovėje.**
- **Aš gyvenu paklusnumu ir vaikštau galioje.**

Aš iškilau kaip savo kartos išvaduotojas.

Neatsigręšiu. Negrįšiu atgal. Aš esu šviesa. Aš esu ugnis. Aš esu laisvas. Galinguoju Jėzaus vardu. Amen!

360° KASDIENIS IŠGELBĖJIMO IR VIEŠVAROS PAREIŠKIMAS – 2 dalis

Apsauga nuo raganavimo, burtininkų, nekromantų, mediumų ir demonų kanalų

Išlaisvinimas sau ir kitiems, esantiems jų įtakoje ar pavergtiems

Apvalymas ir padengimas Jėzaus krauju

Tvirtumo, tapatybės ir laisvės atkūrimas Kristuje

Apsauga ir laisvė nuo raganavimo, mediumų, nekromantų ir dvasinės vergijos

(per Jėzaus kraują ir mūsų liudijimo žodį)

„Ir jie nugalėjo jį Avinėlio krauju ir savo liudijimo žodžiu..."

– *Apreiškimo 12:11*

„Viešpats... panaikina netikrų pranašų ženklus ir paverčia būrėjus kvailais... patvirtina savo tarno žodį ir įvykdo savo pasiuntinių sumanymą."

– *Izaijo 44:25–26*

„Viešpaties Dvasia ant manęs... skelbti belaisviams išlaisvinimą ir paleisti suristuosius..."

– *Lk 4, 18*

ĮŽANGINĖ MALDA:

Tėve Dieve, šiandien drąsiai ateinu per Jėzaus kraują. Pripažįstu Tavo vardo galią ir pareiškiu, kad tik Tu esi mano išlaisvintojas ir gynėjas. Stoviu kaip Tavo tarnas ir liudytojas, ir šiandien drąsiai bei autoritetingai skelbiu Tavo Žodį.

APSAUGOS IR IŠLAVINIMO DEKLARACIJOS

1. Išvadavimas nuo raganavimo, mediumų, nekromantų ir dvasinės įtakos:

- Aš **sulaužiu ir atsisakau** bet kokio prakeiksmo, burtažodžio, būrimo, užkeikimo, manipuliavimo, stebėjimo, astralinės projekcijos ar sielos ryšio – ištarto ar sukurto – per raganavimą, nekromantiją, mediumus ar dvasinius kanalus.
- Aš **pareiškiu**, kad **Jėzaus kraujas** yra prieš kiekvieną netyrą dvasią, kuri siekia surišti, atitraukti, apgauti ar manipuliuoti manimi ar mano šeima.
- Įsakau, kad **bet koks dvasinis kišimasis, apsėdimas, priespauda ar sielos vergija** būtų sulaužyti dabar valdžia Jėzaus Kristaus vardu.
- Skelbiu **išlaisvinimą sau ir kiekvienam žmogui, sąmoningai ar nesąmoningai paveiktam raganavimo ar klaidingos šviesos**. Išeikite dabar! Būkite laisvi Jėzaus vardu!
- Aš šaukiu Dievo ugnį, kad **sudegintų kiekvieną dvasinį jungą, šėtonišką sutartį ir** dvasioje pastatytą aukurą, skirtą pavergti ar įkalinti mūsų likimus.

„Nėra jokių burtų prieš Jokūbą, jokios būrimo prieš Izraelį." (*Skaičių 23:23*)

2. Savęs, vaikų ir šeimos valymas ir apsauga:

- Meldžiu Jėzaus kraujo už savo **protą, sielą, dvasią, kūną, emocijas, šeimą, vaikus ir darbą**.
- Aš pareiškiu: aš ir mano namai esame **užantspauduoti Šventąja Dvasia ir paslėpti su Kristumi Dieve.**
- Joks prieš mus nukaltas ginklas nebus sėkmingas. Kiekvienas liežuvis, kalbantis prieš mus piktai, yra **teisiamas ir nutildomas** Jėzaus vardu.
- Aš atsižadu ir išvarinėju kiekvieną **baimės, kankinimo, sumišimo, gundymo ar kontrolės dvasią**.

„Aš esu Viešpats, kuris niekais paverčia melagių ženklus..." – *Izaijo 44:25*

3. Tapatybės, tikslo ir sveiko proto atkūrimas:

- Aš susigrąžinu kiekvieną savo sielos ir tapatybės dalelę, kuri buvo **parduota, įkalinta ar pavogta** per apgaulę ar dvasinį kompromisą.

- Aš pareiškiu: turiu **Kristaus protą** ir vaikščioju aiškiai, išmintingai ir autoritetingai.
- Aš pareiškiu: esu **išvaduotas nuo visų kartų prakeiksmų ir buitinės raganavimo**, ir aš vaikštau sandoroje su Viešpačiu.

„Dievas man davė ne baimės dvasią, bet galybės, meilės ir savitvardos dvasią." – *2 Timotiejui 1:7*

4. Kasdienis apsiaustas ir pergalė Kristuje:

- Aš pareiškiu: Šiandien vaikštau dieviškoje **apsaugoje, įžvalgoje ir ramybėje**.
- Jėzaus kraujas man kalba apie **geresnius dalykus – apsaugą, gydymą, valdžią ir laisvę**.
- Kiekviena šiai dienai paskirta bloga užduotis yra panaikinta. Aš vaikščioju pergalėje ir triumfuoju Kristuje Jėzuje.

„Jei tūkstantis kristų man iš šono ir dešimt tūkstančių iš mano dešinės, tai prie manęs nepriartės..." – *Psalmių 91:7*

GALUTINIS DEKLARACIJA IR LIUDIJIMAS:

„Aš įveikiu kiekvieną tamsos, raganavimo, nekromantijos, burtininkavimo, psichinės manipuliacijos, sielų klastojimo ir pikto dvasinio perkėlimo formą – ne savo jėga, o **Jėzaus krauju ir savo liudijimo žodžiu**."

„Aš pareiškiu: **esu išvaduotas. Mano namai išvaduoti.** Kiekvienas paslėptas jungas sulaužytas. Kiekvieni spąstai atskleisti. Kiekviena klaidinga šviesa užgesinta. Aš vaikštau laisvėje. Aš vaikštau tiesoje. Aš vaikštau Šventosios Dvasios galioje."

„Viešpats patvirtina savo tarno žodį ir įvykdo savo pasiuntinio patarimą. Taip bus šiandien ir kiekvieną dieną nuo šiol."

Galinguoju Jėzaus vardu, **Amen.**

ŠVENTOJO RAŠTO NUORODOS:

- Izaijo 44:24–26
- Apreiškimo 12:11
- Izaijo 54:17
- Psalmė 91

- Skaičių 23:23
- Luko 4:18
- Efeziečiams 6:10–18
- Kolosiečiams 3:3
- 2 Timotiejui 1:7

360° KASDIENIS IŠGELBĖJIMO IR VIEŠVAROS PAREIŠKIMAS – 3 dalis

„*Viešpats – karžygys; Viešpats – Jo vardas.*" – Išėjimo 15:3.
„*Jie nugalėjo jį Avinėlio krauju ir savo liudijimo žodžiu...*" – Apreiškimo 12:11.

Šiandien aš keliuosi ir užimu savo vietą Kristuje – sėdžiu dangiškose vietose, aukščiau visų kunigaikštysčių, galybių, sostų, viešpačių ir kiekvieno vardo, kuris minimas.

AŠ ATSISAKYJU

Aš atsisakau bet kokios žinomos ir nežinomos sandoros, priesaikos ar iniciacijos:

- Masonai (1–33 laipsniai)
- Kabala ir žydų misticizmas
- Rytų žvaigždė ir rozenkreiceriai
- Jėzuitų ordinai ir iliuminatai
- Šėtoniškos brolijos ir Liuciferio sektos
- Jūrų dvasios ir povandeninės sandoros
- Kundalini gyvatės, čakrų suderinimas ir trečiosios akies aktyvavimas
- Naujojo Amžiaus apgaulė, Reiki, krikščioniškoji joga ir astralinės kelionės
- Raganavimas, burtininkai, nekromantija ir astralinės sutartys
- Okultiniai sielos ryšiai iš sekso, ritualų ir slaptų paktų
- Masonų priesaikos dėl mano kraujo linijos ir protėvių kunigystės

Nukerpu kiekvieną dvasinę bambagyslę:

- Senovės kraujo altoriai
- Netikra pranašiška ugnis

- Dvasios sutuoktiniai ir svajonių užkariautojai
- Šventoji geometrija, šviesos kodai ir visuotinės teisės doktrinos
- Netikri kristai, pažįstamos dvasios ir netikros šventosios dvasios

Tegul Jėzaus kraujas kalba už mane. Tegul kiekviena sutartis bus sulaužyta. Tegul kiekvienas altorius bus sudaužytas. Tegul kiekviena demoniška tapatybė bus ištrinta – dabar pat!

AŠ PAREIŠKIU

Aš pareiškiu:

- Mano kūnas yra gyvoji Šventosios Dvasios šventykla.
- Mano protą saugo išganymo šalmas.
- Mano siela kasdien pašventinama Žodžio apiplovimu.
- Mano kraują apvalo Kalvarijos kelias.
- Mano svajonės užantspauduotos šviesoje.
- Mano vardas įrašytas Avinėlio Gyvenimo Knygoje – ne jokiame okultiniame registre, ložėje, žurnale, ritinyje ar antspaude!

AŠ ĮSAKYJU

Aš įsakau:

- Kiekvienas tamsos agentas – stebėtojai, monitoriai, astraliniai projektoriai – bus apakinti ir išsklaidyti.
- Kiekvienas ryšys su požemiu, jūrų pasauliu ir astraliniu pasauliu – tebūnie nutrauktas!
- Kiekvienas tamsus ženklas, implantas, ritualinė žaizda ar dvasinis ženklinimas – tebūnie apvalytas ugnimi!
- Kiekviena pažįstama dvasia, šnabždanti melą – nutilkite dabar!

AŠ ATJUNGIU

Aš atsiriboju nuo:

- Visos demoniškos laiko juostos, sielų kalėjimai ir dvasių narvai
- Visi slaptųjų draugijų reitingai ir laipsniai
- Visos netikros mantijos, sostai ar karūnos, kurias nešiojau

- Kiekviena tapatybė, kurios nesukūrė Dievas
- Kiekviena sąjunga, draugystė ar santykiai, kuriuos įgalina tamsios sistemos

AŠ ĮKURIU

Aš nustatau:

- Šlovės ugniasienė aplink mane ir mano namiškius
- Šventieji angelai prie kiekvienų vartų, portalo, lango ir tako
- Grynumas mano medijoje, muzikoje, prisiminimuose ir prote
- Tiesa mano draugystėse, tarnystėje, santuokoje ir misijoje
- Nenutrūkstama bendrystė su Šventąja Dvasia

AŠ PATEIKIU

Aš visiškai atsiduodu Jėzui Kristui –

Avinėliui, kuris buvo nužudytas, Karaliui, kuris valdo, Liūtui, kuris riaumoja.

Aš renkuosi šviesą. Aš renkuosi tiesą. Aš renkuosi paklusnumą.

Aš nepriklausau šio pasaulio tamsiosioms karalystėms.

Aš priklausau mūsų Dievo ir Jo Kristaus karalystei.

AŠ ĮSPĖJU PRIEŠĄ

Šiuo pareiškimu siunčiu pranešimą:

- Kiekviena aukšto rango kunigaikštystė
- Kiekviena valdanti dvasia miestuose, kraujo linijose ir tautose
- Kiekvienas astralinis keliautojas, ragana, burtininkas ar nukritusi žvaigždė...

Aš esu neliečiama nuosavybė.

Mano vardo nėra jūsų archyvuose. Mano siela neparduodama. Mano svajonės yra kontroliuojamos. Mano kūnas nėra jūsų šventykla. Mano ateitis nėra jūsų žaidimų aikštelė. Negrįšiu į vergiją. Nekartosiu protėvių ciklų. Nenešiosiu svetimos ugnies. Nebūsiu gyvačių poilsio vieta.

AŠ UŽSANDARINU
Šį pareiškimą patvirtinu:

- Jėzaus kraujas
- Šventosios Dvasios ugnis
- Žodžio autoritetas
- Kristaus kūno vienybė
- Mano liudijimo garsas

Jėzaus vardu, Amen ir Amen

IŠVADA: NUO IŠGYVENIMO IKI SVETOS SVETOS – IŠLIKTI LAISVĖJE, GYVENTI LAISVĖJE, IŠLAISVINTI KITUS

„*Todėl tvirtai stovėkite laisvėje, kuria Kristus mus išlaisvino, ir neleiskite vėl įkinkyti vergijos jungo.*" (Galatams 5:1)

„*Jis išvedė juos iš tamsos ir mirties šešėlio, ir sulaužė jų pančius.*" (Psalmyno 107:14)

Šios 40 dienų niekada nebuvo skirtos vien žinioms. Jos buvo skirtos **karui**, **pabudimui** ir **viešpatavimui**.

Matėte, kaip veikia tamsioji karalystė – subtiliai, kartų lygmeniu, kartais atvirai. Keliavote per protėvių vartus, sapnų karalystes, okultinius paktus, pasaulinius ritualus ir dvasines kančias. Susidūrėte su neįsivaizduojamo skausmo liudijimais, bet taip pat ir su **radikaliu išsivadavimu**. Sudaužėte altorius, atsižadėjote melo ir susidūrėte su dalykais, kuriuos daugelis sakyklų per daug bijo įvardyti.

BET TAI NE PABAIGA.

Dabar prasideda tikroji kelionė: **išlaikyti savo laisvę. Gyventi Dvasioje. Mokyti kitus išeities.**

Lengva pereiti 40 dienų ugnį ir grįžti į Egiptą. Lengva nugriauti aukurus, o paskui juos atstatyti vienatvėje, geisme ar dvasiniame nuovargyje.

Nedarykite to.

Tu nebesi **ciklų vergas**. Tu esi **sargybinis** ant sienos. Savo šeimos **vartų sargas**. Savo miesto **karys**. **Balsas tautoms**.

7 GALUTINIAI ĮSAKYMAI TIEMS, KURIE VAIKŠČIOS VIEŠPATYJE

1. **Saugok savo vartus**

. Neatverk dvasinių durų kompromisais, maištu, santykiais ar smalsumu.

„*Neduokite vietos velniui.*" – Efeziečiams 4:27

2. **Suvaldykite savo apetitą.**
   Pasninkas turėtų būti jūsų mėnesio ritmo dalis. Jis suderina sielą ir išlaiko jūsų kūną paklusnų.
3. **Įsipareigokite būti tyri.**
   Emocinis, seksualinis, žodinis, vizualinis. Netyrumas yra pagrindiniai vartai, pro kuriuos demonai grįžta.
4. **Įvaldyk Žodį. Šventasis**
   Raštas nėra pasirinkimas. Tai tavo kalavijas, skydas ir kasdienė duona.
   „*Tegul Kristaus žodis gausiai gyvena jumyse...*" (Kol 3, 16)
5. **Atrask savo gentį.**
   Išvadavimas niekada nebuvo skirtas žengti vienam. Kurk, tarnauk ir gydyk Dvasios pripildytoje bendruomenėje.
6. **Priimk kančią.**
   Taip – kančią. Ne visos kančios yra demoniškos. Kai kurios yra šventinančios. Perženk jas. Šlovė laukia.
   „*Trumpą laiką pakentėjus... Jis jus sustiprins, pastatys ant kojų ir pastatys ant kojų.*" – 1 Petro 5:10
7. **Mokyk kitus.**
   Dosniai gavai – dabar dovanok. Padėk kitiems gauti dovaną. Pradėk nuo savo namų, savo rato, savo bažnyčios.

NUO ĮTEIKTO MOKINIUI

Ši pamalda yra pasaulinis šauksmas – ne tik dėl išgijimo, bet ir dėl armijos pakilimo.

Atėjo **laikas ganytojams**, kurie gali užuosti karą.

Atėjo **laikas pranašams**, kurie nedrebės nuo gyvačių.

Atėjo **laikas motinoms ir tėvams**, kurie laužys kartų paktus ir statys tiesos aukurus.

Atėjo **laikas tautoms** būti įspėtoms ir Bažnyčiai nebetylėti.

TU ESI SKIRTUMAS

Svarbu, kur iš čia eisi. Svarbu, ką nešiojies. Tamsa, iš kurios buvai ištrauktas, yra ta pati teritorija, kuriai dabar turi valdžią.

Išvadavimas buvo tavo prigimtinė teisė. Viešpatavimas – tavo apsiaustas. Dabar eik jame.

PASKUTINĖ MALDA

Viešpatie Jėzau, dėkoju Tau, kad šias 40 dienų ėjai su manimi. Dėkoju, kad atskleisi tamsą, sutraukai grandines ir pašaukei mane į aukštesnę vietą. Aš atsisakau grįžti atgal. Su baime, abejonėmis ir nesėkme laužau kiekvieną susitarimą. Savo karalystės užduotį priimu drąsiai. Panaudokite mane, kad išlaisvintumėte kitus. Kasdien pripildyk mane Šventąja Dvasia. Tegul mano gyvenimas tampa šviesos ginklu – mano šeimoje, mano tautoje, Kristaus Kūne. Aš netylėsiu. Nebūsiu nugalėtas. Nepasiduosiu. Aš einu iš tamsos į viešpatavimą. Amžinai. Jėzaus vardu. Amen.

Kaip atgimti iš naujo ir pradėti naują gyvenimą su Kristumi

Galbūt anksčiau ėjote su Jėzumi, o gal tik sutikote Jį per šias 40 dienų. Bet dabar kažkas jumyse sujuda.

Esi pasiruošęs daugiau nei religijai.

Esi pasiruošęs **santykiams**.

Esi pasiruošęs pasakyti: „Jėzau, man Tavęs reikia."

Štai tiesa:

„Nes kiekvienas yra nusidėjęs; mes visi stokojame Dievo šlovės standarto... tačiau Dievas savo malone dovanoja mus išteisinti savo akyse."

– Romiečiams 3:23–24 (NLT)

Išgelbėjimo užsitarnauti neįmanoma.

Savęs pataisyti neįmanoma. Tačiau Jėzus jau sumokėjo visą kainą ir laukia, kada galės tave priimti namo.

Kaip atgimti iš naujo

ATGIMTI REIŠKIA ATIDUOTI savo gyvenimą Jėzui – priimti Jo atleidimą, tikėti, kad Jis mirė ir prisikėlė, ir priimti Jį kaip savo Viešpatį ir Gelbėtoją.

Tai paprasta. Tai galinga. Tai viską pakeičia.

Melskitės garsiai:

„VIEŠPATIE JĖZAU, TIKIU, kad esi Dievo Sūnus.

Tikiu, kad numirei už mano nuodėmes ir prisikėlei.

Išpažįstu, kad nusidėjau ir man reikia Tavo atleidimo.

Šiandien atgailauju ir nusigręžiu nuo savo senų kelių.

Kviečiu Tave į savo gyvenimą, kad būtum mano Viešpačiu ir Gelbėtoju.

Nuplauk mane švariai. Pripildyk mane Savo Dvasia.

Skelbiu, kad esu atgimęs iš naujo, atleistas ir laisvas.

Nuo šios dienos seksiu Tave
ir gyvensiu Tavo pėdomis.
Dėkoju, kad mane išgelbėjai. Jėzaus vardu, amen."

Tolesni žingsniai po išgelbėjimo

1. **Papasakok kam nors** – pasidalyk savo sprendimu su žmogumi, kuriuo pasitiki.
2. **Raskite Biblija paremtą bažnyčią** – prisijunkite prie bendruomenės, kuri moko Dievo žodžio ir gyvena pagal jį. Apsilankykite Dievo erelio tarnystėse internete adresu https://www.otakada.org [1] arba https://chat.whatsapp.com/H67spSun32DDTma8TLh0ov . [2]
3. **Pasikrikštykite** – ženkite kitą žingsnį viešai išpažindami savo tikėjimą.
4. **Skaitykite Bibliją kasdien** – pradėkite nuo Jono evangelijos.
5. **Melskitės kiekvieną dieną** – kalbėkitės su Dievu kaip su draugu ir Tėvu.
6. **Palaikykite ryšį** – apsupkite save žmonėmis, kurie palaiko jūsų naują gyvenimo kelią.
7. **Pradėkite mokinystės procesą bendruomenėje** – užmegzkite asmeninį ryšį su Jėzumi Kristumi per šias nuorodas

40 dienų mokinystės kursas 1 - https://www.otakada.org/get-free-40-days-online-discipleship-course-in-a-journey-with-jesus/

40 Mokinystė 2 - https://www.otakada.org/get-free-40-days-dna-of-discipleship-journey-with-jesus-series-2/

---

1. https://www.otakada.org

2. https://chat.whatsapp.com/H67spSun32DDTma8TLh0ov

Mano išgelbėjimo akimirka

Data : _ ...
    Parašas : _ ...

"Jei kas yra Kristuje, tas yra naujas kūrinys; kas sena, praėjo, štai atsirado nauja!"

– 2 Korintiečiams 5:17

Naujo gyvenimo Kristuje liudijimas

Išganymo deklaracija – atgimimas iš malonės

Tai patvirtina, kad

_ ...

(PILNAS VARDAS)

viešai išreiškė **tikėjimą Jėzumi Kristumi**

kaip Viešpačiu ir Gelbėtoju ir gavo išgelbėjimo dovaną per Jo mirtį ir prisikėlimą.

„*Jei atvirai išpažinsi, kad Jėzus yra Viešpats, ir savo širdimi tikėsi, kad Dievas jį prikėlė iš numirusių, būsi išgelbėtas.*"

– Romiečiams 10:9 (NLT)

Šią dieną dangus džiūgauja ir prasideda nauja kelionė.

Sprendimo data : _ ...

Parašas : _ ...

Išganymo deklaracija

„ŠIANDIEN AŠ ATIDUODU savo gyvenimą Jėzui Kristui.

Tikiu, kad Jis mirė už mano nuodėmes ir prisikėlė. Priimu Jį kaip savo Viešpatį ir Gelbėtoją. Man atleista, aš atgimiau iš naujo ir tapau nauji. Nuo šios akimirkos vaikščiosiu Jo pėdomis."

Sveiki atvykę į Dievo šeimą!

TAVO VARDAS ĮRAŠYTAS Avinėlio gyvenimo knygoje.

Tavo istorija tik prasideda – ir ji amžina.

SUSISIEKITE SU DIEVO ERELIO TARNYBOS

- Svetainė: www.otakada.org[1]
- Serija „Turtas be rūpesčių": www.wealthbeyondworryseries.com[2]
- El. paštas: ambassador@otakada.org

- **Paremkite šį darbą:**

Remkite karalystės projektus, misijas ir nemokamus pasaulinius išteklius per sandoros pagrindu sudarytą auką.
Nuskaitykite QR kodą, kad paaukotumėte
https://tithe.ly/give?c=308311
Jūsų dosnumas padeda mums pasiekti daugiau sielų, išversti išteklius, remti misionierius ir kurti mokinystės sistemas visame pasaulyje. Ačiū!

---

1. https://www.otakada.org
2. https://www.wealthbeyondworryseries.com

3. PRISIJUNKITE PRIE mūsų „WhatsApp" pakto bendruomenės

Gaukite naujienas, pamaldų turinį ir susisiekite su sandorą laikančiais tikinčiaisiais visame pasaulyje.

Nuskaitykite, kad prisijungtumėte
https://chat.whatsapp.com/H67spSun32DDTma8TLh0ov

REKOMENDUOJAMOS KNYGOS IR IŠTEKLIAI

- *Išvaduotas iš tamsos galios* (minkštais viršeliais) – įsigykite čia [1] | el. knyga [2] „Amazon" svetainėje [3]

- Geriausi atsiliepimai iš Jungtinių Amerikos Valstijų:
    - „Kindle" klientas : „Geriausias krikščioniškas skaitinys!" (5 žvaigždutės)

---

1. https://shop.ingramspark.com/b/084?params=oeYbAkVTC5ao8PfdVdzwko7wi6IQimgJY2779NaqG4e
2. https://www.amazon.com/Delivered-Power-Darkness-AFRICAN-DELIVERED-ebook/dp/B0CC5MM4MV
3. https://www.amazon.com/Delivered-Power-Darkness-AFRICAN-DELIVERED-ebook/dp/B0CC5MM4MV

ŠLOVĖ JĖZUI UŽ ŠĮ LIUDIJIMĄ. Esu taip palaimintas ir rekomenduočiau kiekvienam perskaityti šią knygą... Nes nuodėmės atlygis – mirtis, o Dievo dovana – amžinasis gyvenimas. Šalom! Šalom!

- **Da Gster** : „Tai labai įdomi ir gana keista knyga." (5 žvaigždutės)

Jei tai, kas sakoma knygoje, yra tiesa, tuomet mes tikrai gerokai atsiliekame nuo to, ką priešas sugeba! ... Būtina knyga visiems, norintiems sužinoti apie dvasinę kovą.

- **Visa** : „Man patinka ši knyga" (5 žvaigždutės)

Tai akis atveriantis atradimas... tikras prisipažinimas... Pastaruoju metu visur jo ieškojau, kad galėčiau nusipirkti. Labai džiaugiuosi, kad gavau jį iš „Amazon".

- **FrankJM** : „Visiškai kitaip" (4 žvaigždutės)

Ši knyga man primena, kokia tikra yra dvasinė kova. Ji taip pat primena, kodėl reikia apsivilkti „Visus Dievo šarvus".

- **JenJen** : „Visi, kurie nori patekti į dangų – perskaitykite tai!" (5 žvaigždutės)

Ši knyga taip pakeitė mano gyvenimą. Kartu su Johno Ramirezo liudijimu ji privers jus kitaip pažvelgti į savo tikėjimą. Aš ją skaičiau jau 6 kartus!

- *Buvęs satanistas: Džeimso mainai* (minkštais viršeliais) – įsigykite čia [4] el. knyga [5] „Amazon"[6]

---

4. https://shop.ingramspark.com/b/084?params=I2HNGtbqJRbal8OxU3RMTApQsLLxcUCTC8zUdzDy0W1

5. https://www.amazon.com/JAMESES-Exchange-Testimony-High-Ranking-Encounters-ebook/dp/B0DJP14JLH

6. https://www.amazon.com/JAMESES-Exchange-Testimony-High-Ranking-Encounters-ebook/dp/B0DJP14JLH

- **BUVUSIO AFRIKIEČIO SATANISTO LUDYMAS** - *Pastorius JONAS LUKUNTU MPALA* (Minkštais viršeliais) — Įsigykite čia [7]| El. knyga [8]„Amazon"[9]

- *„Didieji išnaudojimai 14"* (minkštais viršeliais) – įsigykite čia [10]| el. knyga [11]„Amazon" svetainėje[12]

---

7. https://shop.ingramspark.com/b/ 084?params=0Aj9Sze4cYoLM5OqWrD20kgknXQQqO5AZYXcWtoMqWN
8. https://www.amazon.com/TESTIMONY-African-EX-SATANIST-Pastor-Jonas-ebook/dp/B0DJDLFKNR
9. https://www.amazon.com/TESTIMONY-African-EX-SATANIST-Pastor-Jonas-ebook/dp/B0DJDLFKNR
10. https://shop.ingramspark.com/b/084?params=772LXinQn9nCWcgq572PDsqPjkTJmpgSqrp88b0qzKb
11. https://www.amazon.com/Greater-Exploits-MYSTERIOUS-Strategies-Countermeasures-ebook/dp/B0CGHYPZ8V
12. https://www.amazon.com/Greater-Exploits-MYSTERIOUS-Strategies-Countermeasures-ebook/dp/B0CGHYPZ8V

- *Iš velnio katilo*, autorius John Ramirez – galima įsigyti „Amazon"[13]
- *Jis atėjo išlaisvinti belaisvius,* autorė Rebecca Brown – raskite „Amazon"[14]

Kitos šio autoriaus išleistos knygos – daugiau nei 500 pavadinimų
Mylimi, išrinkti ir visaverčiai : 30 dienų kelionė nuo atmetimo iki **atkūrimo** , išversta į 40 pasaulio kalbų
https://www.amazon.com/Loved-Chosen-Whole-Rejection-Restoration-ebook/dp/B0F9VSD8WL
https://shop.ingramspark.com/b/084?params=xga0WR16muFUwCoeMUBHQ6HwYjddLGpugQHb3DVa5hE

---

13. https://www.amazon.com/Out-Devils-Cauldron-John-Ramirez/dp/0985604306

14. https://www.amazon.com/He-Came-Set-Captives-Free/dp/0883683239

Jo pėdomis – 40 dienų WWJD iššūkis:
Gyvenimas kaip Jėzus realiose istorijose visame pasaulyje

https://www.amazon.com/His-Steps-Challenge-Real-Life-Stories-ebook/dp/B0FCYTL5MG

https://shop.ingramspark.com/b/084?params=DuNTWS59IbkvSKtGFbCbEFdv3Zg0FaITUEvlK49yLzB

JĖZUS PRIE DURŲ:
40 širdį veriančių istorijų ir paskutinis dangaus įspėjimas šiandienos bažnyčioms
https://www.amazon.com/dp/B0FDX31L9F
https://shop.ingramspark.com/b/084?params=TpdA5j8WPvw83glJ12N1B3nf8LQte2a1lIEy32bHcGg

SANDOROS GYVENIMAS: 40 dienų vaikščiojimo palaiminime pagal Pakartoto Įstatymo 28 skyrių

- https://www.amazon.com/dp/B0FFJCLDB5

Tikrų žmonių, tikro paklusnumo ir tikrų žmonių istorijos
https://shop.ingramspark.com/b/
084?params=bH3pzfz1zdCOLpbs7tZYJNYgGcYfU32VMz3J3a4e2Qt

Transformacija daugiau nei 20 kalbų

JOS IR JIO PAŽINIMAS:
40 dienų iki išgijimo, supratimo ir ilgalaikės meilės

HTTPS://WWW.AMAZON.com/KNOWING-HER-HIM-Healing-Understanding-ebook/dp/B0FGC4V3D9[15]

https://shop.ingramspark.com/b/084?params=vC6KCLoI7Nnum24BVmBtSme9i6k59p3oynaZOY4B9Rd

UŽBAIGTI, O NE KONKURUOTIS:
40 dienų kelionė tikslo, vienybės ir bendradarbiavimo link

---

15. https://www.amazon.com/KNOWING-HER-HIM-Healing-Understanding-ebook/dp/B0FGC4V3D9

HTTPS://SHOP.INGRAMSPARK.com/b/ 084?params=5E4v1tHgeTqOOuEtfTYUzZDzLyXLee30cqYo0Ov9941[16]

https://www.amazon.com/COMPLETE-NOT-COMPETE-Journey-Collaboration-ebook/dp/B0FGGL1XSQ/

DIEVIŠKASIS SVEIKATOS KODAS – 40 kasdienių raktų, kaip suaktyvinti gydymą per Dievo žodį ir kūriniją. Atraskite augalų, maldos ir pranašiško veikimo gydomąją galią.

---

16. https://shop.ingramspark.com/b/084?params=5E4v1tHgeTqOOuEtfTYUzZDzLyXLee30cqYo0Ov9941

https://shop.ingramspark.com/b/084?params=xkZMrYcEHnrJDhe1wuHHYixZDViiArCeJ6PbNMTbTux
https://www.amazon.com/dp/B0FHJT42TK

KITAS KNYGAS GALITE rasti **autoriaus** puslapyje
https://www.amazon.com/stores/Ambassador-Monday-O.-Ogbe/author/B07MSBPFNX

PRIEDAS (1–6): IŠTEKLIAI LAISVEI IŠLAIKYTI IR GILESNIAM IŠSIVADAVIMUI

1 PRIEDAS: Malda, skirta atpažinti paslėptą raganavimą, okultines praktikas ar keistus altorius bažnyčioje

„*Žmogaus sūnau, ar matai, ką jie daro tamsoje...?*" – Ezechielio 8:12.

„*Ir neprisidėkite prie nevaisingų tamsos darbų, bet verčiau juos demaskuokite.*" – Efeziečiams 5:11.

Malda už įžvalgumą ir atskleidimą:

Viešpatie Jėzau, atverk mano akis, kad pamatyčiau tai, ką Tu matai. Tegul kiekviena keista ugnis, kiekvienas slaptas altorius, kiekviena okultinė operacija, slepianti už sakyklų, suolų ar praktikų, būna atskleista. Nuimk šydus. Atskleisk stabmeldystę, užmaskuotą kaip garbinimas, manipuliaciją, užmaskuotą kaip pranašystė, ir iškrypimą, užmaskuotą kaip malonė. Apvalyk mano vietinę susirinkimą. Jei esu susikompromitavusios bendruomenės dalis, vesk mane į saugumą. Statyk tyrus altorius. Švarios rankos. Šventos širdys. Jėzaus vardu. Amen.

2 PRIEDAS: Žiniasklaidos atsisakymo ir valymo protokolas

„*Nelaikysiu prieš akis jokio pikto...*" – Psalmyno 101:3
Žingsniai, kaip išvalyti savo žiniasklaidos gyvenimą:

1. **Audituokite** viską: filmus, muziką, žaidimus, knygas, platformas.
2. **Paklauskite:** Ar tai šlovina Dievą? Ar tai atveria duris į tamsą (pvz., siaubą, geismą, raganavimą, smurtą ar „New Age" temas)?
3. **Atsisakyti** :

„Aš atsižadu kiekvieno demoniško portalo, atverto per bedievišką žiniasklaidą. Aš atjungiu savo sielą nuo visų sielos ryšių su įžymybėmis, kūrėjais, personažais ir siužetinėmis linijomis, kurias įgalino priešas."

1. **Ištrinti ir sunaikinti** : fiziškai ir skaitmeniniu būdu pašalinti turinį.
2. **Pakeiskite** dievobaimingomis alternatyvomis – garbinimu, mokymais, liudijimais, sveikais filmais.

3 PRIEDAS: Masonai, Kabala, Kundalini, Raganavimas, Okultizmo Atsižadėjimo Raštas

„*Neprisidėkite prie bergždžių tamsos darbų...*" – Efeziečiams 5:11

Garsiai pasakykite:

Jėzaus Kristaus vardu aš atsisakau bet kokios priesaikos, ritualo, simbolio ir iniciacijos į bet kokią slaptą draugiją ar okultinį ordiną – sąmoningai ar nesąmoningai. Aš atmetu visus ryšius su:

- **Masonai** – visi laipsniai, simboliai, kraujo priesaikos, prakeiksmai ir stabmeldystė.
- **Kabala** – žydų misticizmas, Zoharo skaitymai, gyvybės medžio iškvietimai arba angelų magija.
- **Kundalini** – trečiosios akies atvėrimas, jogos pabudimas, gyvatės ugnis ir čakrų suderinimas.
- **Raganavimas ir Naujasis Amžius** – astrologija, taro kortos, kristalai, mėnulio ritualai, sielos kelionės, reiki, baltoji arba juodoji magija.
- **Rozenkreiceriai, iliuminatai, kaukolės ir kaulų ordinai, jėzuitų priesaikos, druidų ordinai, satanizmas, spiritizmas, santerija, vudu, vika, telema, gnosticizmas, Egipto misterijos, babiloniečių apeigos.**

Aš panaikinu kiekvieną sandorą, sudarytą mano vardu. Aš nutraukiu visus ryšius savo kraujo linijoje, sapnuose ar sielos ryšiuose. Aš visą savo būtį – dvasią, sielą ir kūną – atiduodu Viešpačiui Jėzui Kristui. Tegul kiekvienas demoniškas portalas bus visam laikui uždarytas Avinėlio krauju. Tegul mano vardas bus apvalytas nuo kiekvieno tamsaus registro. Amen.

4 PRIEDAS: Patepimo aliejaus aktyvinimo vadovas

„**A**r kas nors iš jūsų kenčia? Tegul meldžiasi. Ar kas nors iš jūsų serga? Tepasišaukia vyresniuosius... patepdami jį aliejumi Viešpaties vardu." – Jokūbo 5:13–14

Kaip naudoti patepimo aliejų išlaisvinimui ir viešpatavimui:

- **Kakta** : Proto atnaujinimas.
- **Ausys** : Dievo balso atpažinimas.
- **Pilvas** : Valo emocijų ir dvasios buveinę.
- **Pėdos** : ėjimas į dieviškąją lemtį.
- **Durys/Langai** : Dvasinių vartų uždarymas ir namų valymas.

Patepimo metu sakoma:

„Aš pašventinu šią erdvę ir indą Šventosios Dvasios aliejumi. Joks demonas neturi teisėtos prieigos čia. Tegul Viešpaties šlovė gyvena šioje vietoje."

5 PRIEDAS: Trečiosios akies ir antgamtinio regėjimo atsisakymas iš okultinių šaltinių

Garsiai pasakykite:

„Jėzaus Kristaus vardu aš atsižadu kiekvieno savo trečiosios akies atvėrimo – ar tai būtų trauma, joga, astralinės kelionės, psichodelikai ar dvasinės manipuliacijos. Prašau Tavęs, Viešpatie, uždaryti visus nelegalius portalus ir užantspauduoti juos Jėzaus krauju. Aš paleidžiu kiekvieną viziją, įžvalgą ar antgamtinį gebėjimą, kuris neatėjo iš Šventosios Dvasios. Tegul kiekvienas demoniškas stebėtojas, astralinis projektorius ar mane stebinti būtybė yra apakinta ir surišta Jėzaus vardu. Aš renkuosi tyrumą, o ne galią, artumą, o ne įžvalgą. Amen."

PRIEDAS : Vaizdo įrašai su liudijimais dvasiniam augimui

1) pradėkite nuo 1,5 minutės - https://www.youtube.com/watch?v=CbFRdraValc

2) https://youtu.be/b6WBHAcwN0k?si=ZUPHzhDVnn1PPIEG

3) https://youtu.be/XvcqdbEIO1M?si=GBlXg-cO-7f09cR[1]

4) https://youtu.be/jSm4r5oEKjE?si=1Z0CPgA33S0Mfvyt

5) https://youtu.be/B2VYQ2-5CQ8?si=9MPNQuA2f2rNtNMH

6) https://youtu.be/MxY2gJzYO-U?si=tr6EMQ6kcKyjkYRs

7) https://youtu.be/ZW0dJAsfJD8?si=Dz0b44I53W_Fz73A

8) https://youtu.be/q6_xMzsjWA?si=ZTotYKo6Xax9nCWK

9) https://youtu.be/c2ioRBNriG8?si=JDwXwxhe3jZlej1U

10) https://youtu.be/8PqGMMtbAyo?si=UqK_S_hiyJ7rEGz1

11) https://youtu.be/rJXu4RkqvHQ?si=yaRAA_6KIxjm0eOX

12) https://youtu.be/nS_Insp7i_Y?si=ASKLVs6iYdZToLKH

13) https://youtu.be/-EU83j_eXac?si=-jG4StQOw7S0aNaL

14) https://youtu.be/_r4Jyzs2EDk?si=tldAtKOB_3-J_j_C

15) https://youtu.be/KiiUPLaV7xQ?si=I4x7aVmbgbrtXF_S

16) https://youtu.be/68m037cPEu0?si=XpuyyEzGfK1qWYRt

17) https://youtu.be/z4zlp9_aRQg?si=DR3lDYTt632E96a6

18) https://youtube.com/shorts/H_90n-QZU5Q?si=uLPScVXm81DqU6ds

---

1. https://youtu.be/XvcqdbEIO1M?si=GBlXg-c-O-7f09cR

Su tuo žaisti negalima

Išsivadavimas nėra pramoga. Tai karas.

Atsisakymas be atgailos tėra triukšmas. Smalsumas nėra tas pats, kas šaukimas. Yra dalykų, nuo kurių neatsigausi atsitiktinai.

Tad apskaičiuokite kainą. Gyvenkite tyrai. Saugokite savo vartus.

Nes demonai negerbia triukšmo – tik valdžią.

www.ingramcontent.com/pod-product-compliance
Lightning Source LLC
Chambersburg PA
CBHW050340010526
44119CB00049B/631